福建省高速公路标准化管理系列指南

U0892044

# 福建省高速公路施工标准化管理指南

Fujian Sheng Gaosu Gonglu Shigong Biaozhunhua Guanli Zhinan

## 第六分册　高边坡与滑坡工程

Diliu Fence　Gaobianpo yu Huapo Gongcheng

福建省高速公路建设总指挥部　组织编写

人民交通出版社

## 内 容 提 要

本书为《福建省高速公路施工标准化管理指南》第六分册高边坡与滑坡工程，系在现行高速公路路基工程设计、施工、验收等相关标准、规范基础上，总结福建省多年来高边坡与滑坡工程建设实践经验编制而成。本书图文并茂地对高边坡与滑坡工程施工工序、技术、工艺和管理进行说明，将规范化管理、标准化施工的理念贯穿于施工管理全过程。本书对于规范高速公路高边坡与滑坡工程施工，克服质量通病，提高管理水平，保证施工质量和安全生产有很好的指导作用。

本书适用于福建省所有新建、在建高速公路项目（含连接线）高边坡与滑坡工程施工管理，也可供其他省份相关管理与技术人员参考使用。

**图书在版编目（CIP）数据**

福建省高速公路施工标准化管理指南．第6分册，高边坡与滑坡工程／福建省高速公路建设总指挥部组织编写．—北京：人民交通出版社，2013.12
（福建省高速公路标准化管理系列指南）
ISBN 978-7-114-10989-8

Ⅰ．①福… Ⅱ．①福… Ⅲ．①高速公路—道路施工—标准化管理—福建省—指南②高速公路—边坡—道路工程—工程施工—标准化管理—福建省—指南③高速公路—滑坡—道路工程—工程施工—标准化管理—福建省—指南
Ⅳ．①U415.1-62

中国版本图书馆CIP数据核字（2013）第267054号

福建省高速公路标准化管理系列指南
**书　　名：福建省高速公路施工标准化管理指南　第六分册　高边坡与滑坡工程**
**著 作 者：**福建省高速公路建设总指挥部
**责任编辑：**郑蕉林　李　娜
**出版发行：**人民交通出版社
**地　　址：**（100011）北京市朝阳区安定门外外馆斜街3号
**网　　址：**http://www.ccpress.com.cn
**销售电话：**（010）59757973
**总 经 销：**人民交通出版社发行部
**经　　销：**各地新华书店
**印　　刷：**中国电影出版社印刷厂
**开　　本：**880×1230　1/16
**印　　张：**5.25
**字　　数：**103千
**版　　次：**2013年12月　第1版
**印　　次：**2017年7月　第2版　第5次印刷
**书　　号：**ISBN 978-7-114-10989-8
**定　　价：**35.00元

# 序

自1994年福建省第一条高速公路——“泉厦高速”开建以来，福建高速公路持续快速发展，截至2009年年底，通车里程和在建里程均突破2 000km。预计到2012年，通车里程将突破3 000km，2015年将突破5 000km，基本建成“三纵八横三环三十三联”的海西高速公路网。

福建高速公路在发展历程中，不仅形成了“省市共同出资，建设以市为主，运营全省统一”的科学合理的建设运营管理体制，而且积累了“混凝土集中拌和、梁片集中预制、钢筋集中加工”及“预制梁片模板准入、隧道二次衬砌台车准入”等一系列标准化施工经验，在实践中发挥了重要作用，取得了积极成效。

所谓标准化管理，就是要明确设置符合实际、符合规范的标准要求，并真正推动落实，真正做到“标准成为习惯、习惯符合标准、结果达到标准”。这是解决当前建设任务日益繁重与管理力量相对有限这一矛盾的有效举措，也是同步抓好质量、安全、工期和廉政的有效途径。为此，福建省高速公路建设总指挥部专门组织修编出版了路基路面、桥梁、隧道、工地建设、边坡生态恢复等施工标准化管理指南，不仅为高速公路建设领域全面推行标准化管理提供了技术支撑和制度保障，而且对有效提升建设质量和效率，创新建设管理方式都具有重要意义。

当前，海峡西岸经济区建设正站在新的起点上，福建高速公路迎来了难得的发展机遇，需要我们增强责任感、紧迫感和使命感，进一步凝心聚力、乘势而上。我相信，在精心完善现行高速公路体制机制的同时，持之以恒地把标准化管理落实到高速公路建设、运营的各个环节，加快形成“实施有规范、操作有程序、过程有控制、结果有考核”的标准化管理体系，必将推动福建高速公路实现更好更快发展，为海峡西岸经济区建设作出新的更大的贡献！

福建省人民政府副省长　张志南

2010年3月

# 前　言

2010 年 2 月，我部组织编写了《福建省高速公路施工标准化管理指南》，通过各参建单位近几年的认真贯彻和执行，取得了较好的成效，有效地控制了工程质量安全，提高了工程建设管理水平。2011 年，交通运输部开始在全国部署、推行施工标准化管理。为更好地贯彻落实交通运输部关于加快推行现代工程管理的要求，我部组织进行了本次修编。本次修编是在近几年《福建省高速公路施工标准化管理指南》使用的基础上，结合交通运输部《高速公路施工标准化技术指南》，并针对使用过程中存在的问题和不足进行完善，同时吸纳了各参建单位一些行之有效的新做法、新工艺等，体现了现代工程管理的具体要求。修编后的《福建省高速公路施工标准化管理指南》共七个分册（工地建设、路基工程、路面工程及交通安全设施、桥梁工程、隧道工程、高边坡与滑坡工程、边坡生态恢复）。

第六分册高边坡与滑坡工程，着重从工序、技术、工艺和管理的角度对现行标准、规范做进一步补充，并结合目前发现的质量建设问题，图文并茂地对规范化施工工序、技术、工艺和管理进行说明，旨在更有效地消除质量通病、提高施工管理水平，实现边坡工程施工标准化，确保高速公路路基工程质量。

本指南可供高速公路项目各参建单位、参建人员使用。使用过程中发现的问题和修改意见，请反馈至福建省高速公路建设总指挥部工程处（福州市东水路 18 号交通综合大楼 21F，邮编 350001），以便修订时改进。

福建省高速公路建设总指挥部

2013 年 8 月

# 目　录

# 1　总则

## 1.1　目的及适用范围

**1.1.1**　为规范福建省高速公路挖方高边坡防护与滑坡治理工程施工，克服质量通病，提高施工技术和管理水平，确保工程建设质量，编制本指南。

**1.1.2**　本指南适用于福建省所有在建和运营高速公路的挖方高边坡与滑坡工程的施工和管理。《福建省高速公路施工标准化管理指南　第二分册　路基工程（第二版）》中相关部分内容以本指南为准。

## 1.2　编制依据

**1.2.1**　国家、工程建设标准化协会、交通运输部等工程建设标准主管部门发布的与路基工程、特殊路基工程相关的文件、标准、规范、规程和指南。

**1.2.2**　福建省颁布施行的有关施工管理的文件规定。

**1.2.3**　行业内通行的先进施工工艺和管理方法。

## 1.3　总体要求

**1.3.1**　高边坡与滑坡工程施工必须严格遵守国家和行业的安全生产法律、法规，积极改善施工条件，制订确实可行的施工方案和安全生产措施，确保施工人员的安全和作业人员的身体健康。

**1.3.2**　高边坡与滑坡工程设计、施工采用信息化动态管理。工程施工期间应做好边坡动态变形监测、加强滑坡治理施工期间的安全预警机制，边坡动态变形监测应与工程施工同步进行。运行期间应对治理效果进行监测。

**1.3.3**　高边坡与滑坡工程施工要着重从工序、技术、工艺和管理的角度入手，更加有效地消除高边坡和滑坡工程施工的质量通病，提高施工管理水平。

**1.3.4**　高边坡与滑坡工程施工应推广成熟、先进的施工工艺和工法，积极而慎重地应用新技术、新工艺、新材料，提高施工管理和技术水平。

**1.3.5**　高边坡与滑坡工程施工除应符合本指南外，尚应符合国家颁布的现行有关标准、规范的规定。

## 1.4　章节划分

**1.4.1**　本指南共10章，分别为总则、一般规定、土石方工程、滑坡治理工程、锚固工程、抗滑桩工程、挡土墙工程、排水工程、锚杆（索）检测、边坡工程监测。

# 2 一般规定

**2.0.1** 挖方高边坡和滑坡的锚固工程施工应选择具有相应资质的专业队伍。

**2.0.2** 施工场地、临时便道已修建硬化完成，且场地硬化满足相关文件规定要求；施工用水、用电已到位。现场各种施工标志牌（工程概况、安全标识、操作规程、材料标识等）已制作安装完成。

**2.0.3** 开工前施工单位应根据工程现场情况、施工图文件及施工要求等，编制专项施工组织设计，建立健全质量、环保、安全管理体系和质量检测体系，制订工程应急预案（含所涉及的交通保障预案），并审批。同时需对专业施工队伍的各施工班组、施工人员进行岗前培训和技术、安全交底。

**2.0.4** 专业施工队伍的工地现场管理人员、专业技术人员、技术工人和普通工人已到位，施工所需机械设备、测量仪器、检测仪器已进场；其人员与机械、设备等应满足施工进度及质量的要求。

**2.0.5** 边坡工程开工建设前，项目业主应组织有边坡工程施工任务的施工、监理单位，对其进行专业技术培训和考试，考试合格后持证上岗，考试不合格不得上岗。施工、监理及项目业主单位的项目技术负责人、工程现场负责人和专业施工队伍的相关技术人员须参加，培训时间不少于8h。施工单位应对边坡工程专业施工队伍进行技术培训，培训时间不少于20h。

**2.0.6** 分项工程开工报告已批复。

**2.0.7** 对边坡进行中线、水平及横断面的复测，并在边坡上按设计图纸确定各细部工程的位置，经监理工程师复核确认。

**2.0.8** 挖方高边坡与滑坡治理工程的设计、施工采用信息化动态管理。施工单位应及时将路堑边坡开挖揭露地层、地下水等因素及建设进展情况上报，便于综合分析坡体稳定性，动态调整防护设计。

**2.0.9**　工程施工期间应做好边坡动态变形监测,边坡动态变形监测应与工程施工同步进行。

**2.0.10**　挖方高边坡与滑坡治理工程施工,项目业主应成立工程建设和治理施工专项小组,对出现的复杂地质边坡、变形破坏边坡和滑坡等情况,提出应急措施,以减少边坡变形破坏造成的损失。必要时,施工单位、项目业主可组织专家或有相应岩土工程咨询资质的咨询单位成立边坡工程专项咨询机构,对工程建设提供建议和方案。

**2.0.11**　预应力锚固工程施工完成后,应及时进行锚固工程的质量检测。质量检测包括:预应力锚杆(索)长度检测、预应力锚固工程的抗拔力和锁定拉力检测。预应力锚固工程质量检测合格前,严禁擅自切割锚筋体;检测合格后,应严格控制锚筋体切割预留长度。

**2.0.12**　锚杆(索)框架、预应力锚杆(索)、抗滑桩、平孔排水、井点降水和监测等工程措施,施工完成后应进行统一编号,以便于工程管理。

# 3　土石方工程

## 3.1　一般规定

**3.1.1**　挖方高边坡指的是土质挖方边坡高度超过20m、石质挖方边坡高度超过30m的挖方边坡。

**3.1.2**　挖方高边坡施工应完善坡面排水系统，依次完成坡顶截水沟（附录图B.1-1）、平台排水沟及坡面急流槽的施工。

**3.1.3**　高边坡开挖应按设计测量放样，边开挖、边整型，坡面应平顺，不得亏坡，曲线应圆顺。

**3.1.4**　高边坡开挖，坡顶至开挖红线内的植被应予以保留。

## 3.2　施工要点

**3.2.1**　挖方高边坡土石方开挖施工须严格按照设计文件及相关施工要求进行。对于设有锚固工程的高边坡工程开挖，要严格按照从上至下的开挖施工顺序逐级开挖（附录图B.1-2），待上级边坡锚固工程全部实施并产生加固作用后方可进行下级边坡的土石方开挖作业（根据实际情况可采用有效可行的临时加固或预加固工程措施），逐级开挖、逐级加固，直至全部防护工程结束，确保坡体稳定和结构安全。

**3.2.2**　挖方高边坡开挖严禁掏底开挖，杜绝因开挖不当而造成的堑坡塌滑等现象。开挖应与装运作业相互错开进行，严禁双层作业。松动的土、石块应及时清除，弃土下方和滚石危及范围内的道路，应设警示标志。

**3.2.3**　边坡开挖至边坡线前，应预留一定宽度，预留的宽度应保证刷坡过程中设计边坡线外的土层不受到扰动，以确保开挖坡面不欠挖、不超挖。

**3.2.4**　石质边坡开挖应根据岩石的类别、风化程度、节理发育程度、岩层产状和施工环境等确定开挖方案。

(1)对于石方边坡开挖,宜用松动爆破,严禁采用洞室等大爆破;接近边坡工程部位要采用预裂爆破;对于弱风化或微风化岩体,在距设计坡面 3 ~ 5m 范围内要采用光面控制爆破,尽量减少或避免爆破施工对岩体结构的破坏,边坡不平整处不应超过 ±10cm。

(2)中硬质岩石高边坡应采用光面爆破或预裂爆破技术,边坡坡面不得有松石,路基边线顺直、曲线圆顺,竖孔炮眼残留率不应低于 85%,边坡不平整处不宜超过 ±15cm。

**3.2.5**　挖方高边坡应从开挖线往下分级清刷边坡,软质岩石边坡可用人工或机械清刷;坚硬和次坚硬岩石边坡,可使用炮眼法、裸露药包法爆破清刷边坡,同时应清除危石、松石。清刷后的石质路堑高边坡,坡率不应陡于设计规定。

**3.2.6**　挖方高边坡开挖应根据地面坡度、开挖断面、纵向长度及出土方向,结合土方调配距离,选用安全、经济的开挖方案,如图 3-1、图 3-2 所示。

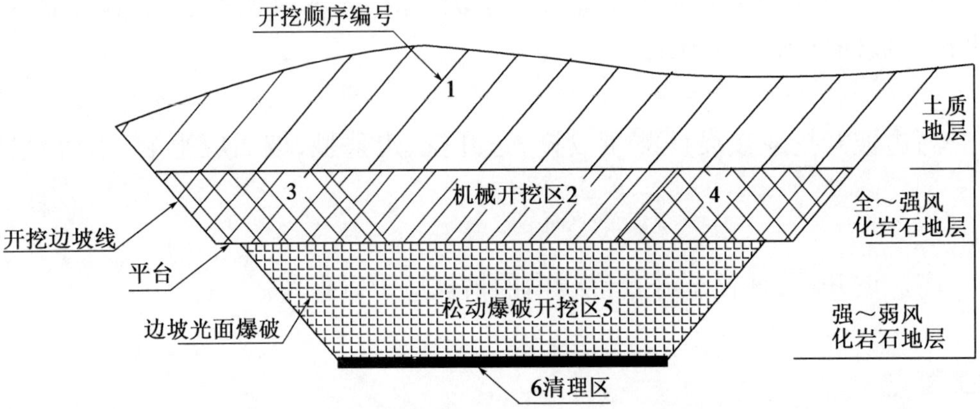


图 3-1　挖方高边坡开挖断面示意图

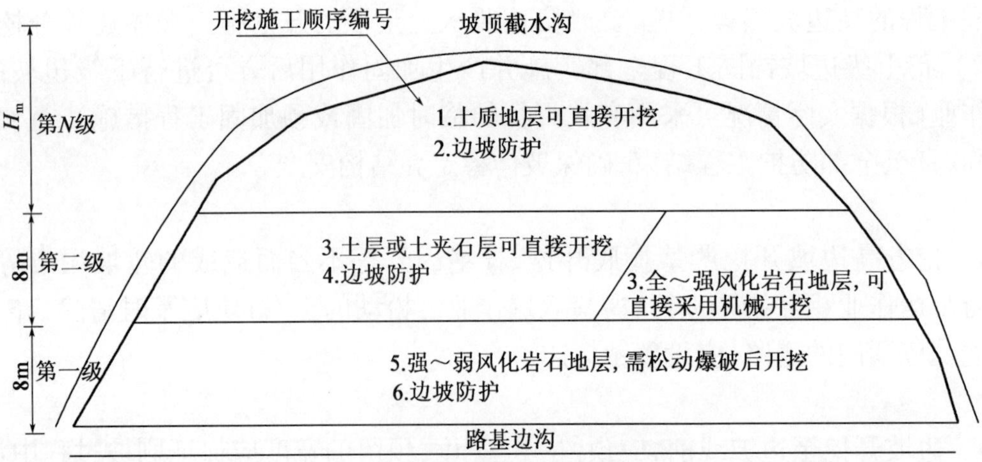


图 3-2　挖方高边坡开挖纵断面示意图

**3.2.7**　路基开挖,基于实际情况,如需修改设计边坡坡度、截水沟和边沟的位置时,应及时按规定报批。

**3.2.8** 挖方高边坡刷方施工时,边坡平台宽度应满足设计要求。通常边坡平台宽度应不小于2m,边坡平台宽度 $B \leqslant 3\text{m}$ 时,平台外倾坡率4%,平台排水采用预制平台挡水梗;边坡平台宽度 $B > 3\text{m}$ 时,平台内倾坡率4%,平台排水采用下沉式平台排水沟。

**3.2.9** 挖方高边坡平台防护工程施工时,平台应按设计要求设置土工膜防水层,并进行浆砌片石铺砌。

**3.2.10** 挖方高边坡坡顶为仰坡时,坡顶应设置截水沟,其位置通常距离坡顶开挖线应不小于5m;反坡时坡顶不需设置截水沟。

# 4　滑坡治理工程

## 4.1　一般规定

**4.1.1**　地表排水系统已完善,无场地积水和漫流等情况。

**4.1.2**　滑坡体病害的性质和原因及地质情况已查明。

**4.1.3**　项目业主应会同设计、施工、监理及监测单位联合成立滑坡治理专项小组,及时沟通联系,加强过程管理。

**4.1.4**　设计、施工、监理及监测单位应加强雨季施工期间的安全管理,施工单位需编制雨季施工安全管理措施,并报监理审查批准后实施。

**4.1.5**　监测单位应制订详细的监测方案,加大监测技术手段和力度,确保监测数据的准确性和及时性。同时应定期监测并将监测结果及时报业主、设计、监理及施工单位;监测孔可结合工程勘察钻孔布设。

## 4.2　施工工序

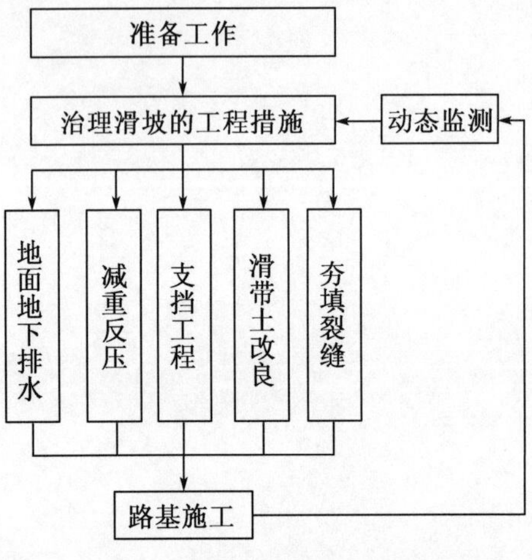

图4-1　滑坡治理工程施工工序

滑坡治理工程施工工序如图4-1所示。

## 4.3　施工要点

**4.3.1**　滑坡处理前,禁止在滑坡体上增加荷载,严禁在滑坡体前缘减载。

**4.3.2**　结合滑坡地段的自然排水沟及永久性排水工程,在施工过程中应将地表水和滑坡体内的水疏通到自然沟或桥涵处排出,以免加剧滑坡病害的发展和扩大。

**4.3.3**　根据滑坡处治设计图，选择合适的施工方案与施工组织设计进行处治。滑坡处治应遵守以下原则：

(1)先应急工程[如滑坡前缘堆载反压(附录图 B.2-1、图 B.2-2)、裂缝夯填与覆盖(附录图 B.2-3)等]，后永久工程。

(2)尽量选择旱季施工。

(3)截断流向滑坡体的地表水、地下水及临时用水，做好滑坡体排水系统(附录图 B.2-4)，严禁场地积水或漫流。

(4)场地堆料和弃土及排水不应影响滑坡的稳定性。

(5)抗滑支挡工程施工应有合理的施工方法和施工顺序，在上一道工序未达到设计要求前，不得进行下一道工序施工。

(6)支挡工程的施工应从滑坡两侧向主轴靠近，并应跳槽开挖，随挖随支挡，使支挡工程尽快发挥作用。

(7)滑坡体的卸载应在滑坡体的上部(附录图 B.2-5)，严禁在滑坡下部和前部大拉槽，大放坡，以免加剧滑坡的滑动。

**4.3.4**　滑坡地段进行边坡开挖，应自上而下进行。每开挖一级应对滑坡进行工程地质评价和坡体稳定性分析。需对边坡采取加固时，应停止开挖下级边坡，待加固工程起到稳定边坡作用后，方可进行下级边坡开挖。

**4.3.5**　滑坡治理工程应加强施工期间的安全预警机制的建立和管理。施工单位应组织专人对坡体裂缝观测、地表变形监测、宏观变形巡查等普通监测负责；而坡体深部位移监测、地下水监测、应力监测等专业监测应由专业监测小组进行监测。各监测结果及时上报相关单位，以便及时掌握坡体变形情况，指导工程施工，确保工程安全。

# 5　锚固工程

## 5.1　一般规定

**5.1.1**　锚固工程施工设计图、边坡岩土性质等资料齐全。

**5.1.2**　对挖方高边坡和滑坡的锚固工程施工，施工单位一般要求具备地质灾害施工甲级或地基基础施工一级资质；锚固工程施工应选择业绩满足要求的专业施工队伍（含抗滑桩锚索等），锚固工程施工业绩应满足锚杆（索）的施工总长度不少于10 000m，且原施工项目的监理和项目业主单位对其施工质量评价为良及以上。

**5.1.3**　锚固工程施工前，锚杆（索）应集中制作。施工单位要根据工程具体情况，确定锚固工程工作场区的数量，原则上2km以内的边坡锚固工程施工（或距离不超过1km的相邻边坡，锚杆（索）施工总长度超过2 000m），需建一个锚杆（索）集中组装场地。

**5.1.4**　锚杆（索）集中组装厂，场地需硬化，且应搭设工作棚，具备防雨条件。工作棚的长度须大于锚杆（索）制作长度的2m以上，面积需满足机械设备、原材料集中堆放；锚杆（索）集中制作、成品集中存放；同时预应力锚杆（索）的制作须搭设锚杆（索）组装架，高度不低于50cm。

**5.1.5**　对已进行中线、水平、横断面复测的边坡，按设计图纸确定并标示预应力锚杆（索）的位置，并依据设计要求进行编号，施工完成后应将编号采用红色油漆统一印模标示于混凝土框架上，编号规格为文字高度20cm，格式为“边坡阶数-锚孔位置-孔号”，如第二级边坡、第24号孔的上、中、下位置的锚孔，编号为：“2-S-24，2-Z-24，2-X-24”；锚杆（索）框架结构编号格式为“边坡阶数-框架编号”，如第二级边坡、第三片框架，编号为：“2-3”。编号位置应一致，锚孔编号标示于锚孔右侧（地梁、锚墩、十字梁等视具体情况而定）、框架编号标示于下侧横梁的中部。

**5.1.6**　边坡开挖施工过程中，结合边坡稳定情况，须对锚杆（索）进行预张拉。锚杆（索）的预张拉通常采用轨枕或槽钢等构件作为坡面反力抑制结构，预张拉工作宜在锚孔注浆施工完成7日后进行，预张拉力值不宜超过设计拉力值的30%。框架和地梁混凝土施工时，应按设计框架或地梁间隔解除预张拉，逐片浇灌框架或地梁混凝土，并进行张拉锁定，严禁大面积一次性解除预张拉。若施工工序或现场实际条件受限，暂不能对其及时进行张拉锁定的，须于地梁或框架混凝土浇灌完成7日后进行预张拉，预张拉力值不超过设计拉力值的50%。

**5.1.7** 预应力锚杆(索)张拉锁定后48h内，若发现预应力损失大于锚杆(索)拉力设计值的10%时，应进行补偿张拉。

**5.1.8** 预应力锚杆(索)张拉宜采用数控智能张拉设备。

**5.1.9** 完成预应力锚固工程注浆工序施工，灌浆材料达到设计强度后，应及时进行长度检测；预应力张拉工序完成后，应尽快完成锚固工程的质量检测，包括：抗拔力检测和锁定拉力检测。预应力锚固工程质量检测合格前，严禁施工单位擅自切割锚筋体；检测合格后，应严格控制锚筋体切割预留长度，切口位置至外锚具的距离严禁小于100mm。

**5.1.10** 锚杆(索)封锚混凝土的等级及尺寸应严格按照设计要求执行，封锚混凝土应完全封闭锚垫板及钢绞线，且外形美观，严禁采用水泥砂浆封锚。

**5.1.11** 进场的钢绞线(钢筋)必须验明其产地、生产日期、出产日期、型号规格，并核实生产厂家的资质证书及其各项力学性能指标，同时必须进行抽样检验，确保其各项参数达到锚固施工要求。

**5.1.12** 锚索体钢绞线表面应没有损伤、没有锈蚀。

**5.1.13** 按设计要求选择水泥浆体材料，并对进场水泥复查力学性能。

**5.1.14** 锚杆(索)框架(地梁、十字板等)混凝土浇筑施工时，其模板需采用钢模板，锚斜托部位需定制钢模板斜托，未配置钢模板不得进行混凝土浇筑施工。

## 5.2 施工工序

**5.2.1** 锚杆(索)施工的内容包括施工准备、造孔、锚杆(索)制作与安装、注浆、混凝土结构钢筋制安、锚杆(索)张拉锁定、验收、封锚8个环节。

**5.2.2** 预应力锚杆(索)施工工序(图5-1)：

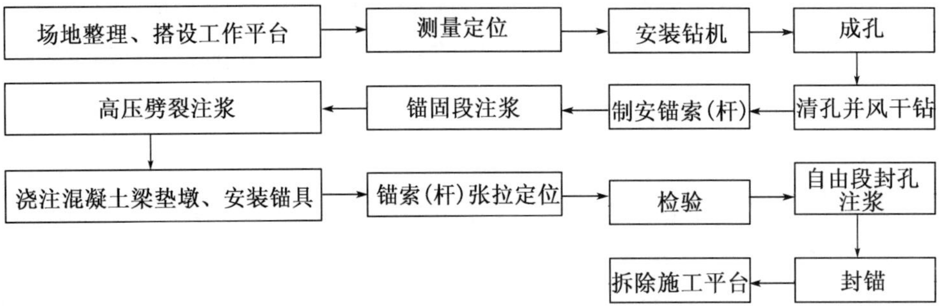


图 5-1　锚杆(索)施工工序

注:上图为使用自由段无套管的预应力筋时采用二次注浆的基本施工工序,若采用自由段带套管的预应力筋时,宜在锚固段长度和自由段长度内采取同步一次性全段注浆,并且,高压劈裂压浆仅限于设计要求提高地层锚固力或其他特殊要求时采用。

## 5.3　施工准备

**5.3.1**　锚固工程坡面开挖成形并经验收合格后,应尽快布置锚固工程施工作业,待锚固工程施工完毕并产生加固作用后,方可进行下级边坡开挖与防护。

**5.3.2**　场地整理和搭设工作平台时,施工单位要对已施工完成的坡面依据设计图纸进行测量确定预应力锚杆(索)的位置。锚孔在坡面上分布的原则要求:横平竖直、均匀过渡、平台等高、等分坡面。

**5.3.3**　预应力锚杆(索)应按设计要求进行基本试验(附录图 B.3-1),基本试验锚杆数量不得少于 3 根,基本试验孔具有相同边坡锚孔深度的代表性,其长度不应小于该级边坡锚孔的最小深度。预应力锚杆(索)的基本试验宜在预应力锚杆(索)工程施工作业开始之前进行,并完成预应力锚杆(索)试验报告,提交给监理工程师和设计代表,待试验报告批准并经设计锚固参数确认或调整后,方可进行预应力锚杆(索)工程施工作业。锚杆(索)试验孔的具体位置应由监理工程师和设计代表现场确定。对已经失稳或稳定性差的边坡,经监理工程师和设计代表同意后,可采用试验孔与工程孔同步进行。

## 5.4　造孔

**5.4.1**　锚孔放样:根据锚固工程施工设计图要求,将锚孔位置准确放样于坡面(附录图 B.3-2),孔位纵横误差不得超过 50mm。对于特殊困难场地,需经设计、监理单位同意,在确保坡体稳定和结构安全的前提下,适当放宽定位精度或调整锚孔位置。

**5.4.2**　钻孔设备:钻孔机具应根据锚固地层的类别、锚孔孔径、锚孔深度以及施工场地条件等选择。锚孔钻造应采用潜孔钻机或锚杆钻机冲击成孔,未经设计允许不得采用地质钻机成孔。

**5.4.3** 钻机就位:锚孔钻进施工,应搭设满足相应承载能力和稳固条件的脚手架(附录图 B.3-3)。根据坡面放样孔位准确安装固定钻机,并严格认真地进行机位调整,确保钻孔纵横误差不得超过 50mm,高程误差不得超过 100mm,钻孔倾角和水平方向角应符合设计要求,倾角和水平方向角允许误差为 ±1.0°。(附录图 B.3-4)

**5.4.4** 钻进方式:锚孔钻进须采用无水干钻,严禁带水钻进;钻孔速度应根据钻机性能和锚固地层严格控制,防止钻孔扭曲和变径,造成下锚困难或其他意外事故。

**5.4.5** 钻进过程:钻进施工过程中需对锚孔的地层变化、钻进状态(钻压、钻速)、地下水及其他特殊情况进行现场记录。遇到塌孔、缩孔等不良钻进现象时,应立即停钻,并及时进行固壁灌浆处理(灌浆压力 0.1 ~0.2MPa),待水泥砂浆初凝后,重新扫孔钻进;或采用钻孔跟管钻进的施工技术。(附录图 B.3-5)

**5.4.6** 孔径孔深:钻头直径不得小于设计孔径,锚索钻孔大于设计孔深 0.5m,锚杆钻孔大于设计孔深 0.2m。

**5.4.7** 锚孔清理:钻孔达到设计深度后,不能立即停钻,须稳钻 1 ~2min。钻孔结束后,须使用高压空气(风压 0.2 ~0.4MPa)将孔内岩粉及杂质全部清除出孔外。

**5.4.8** 锚孔检验:锚孔成孔后,须经现场监理检验合格(附录图 B.3-6),方可进行下道工序。孔径、孔深检查一般采用设计孔径的钻头和标准钻杆在现场监理旁站的条件下验孔,要求验孔过程中钻头平顺推进,不产生冲击或抖动,钻具验送长度满足设计锚孔深度,退钻要求顺畅,用高压空气(风压 0.2 ~0.4MPa)吹验不存在明显飞贱尘渣及水体现象。同时要求复查锚孔孔位、倾角和水平方向角,全部锚孔施工分项工作合格后,即可认为锚孔检验合格。锚孔底部的偏斜应满足设计要求,可用钻孔测斜仪控制和检测。

## 5.5 锚杆(索)制作与安装

**5.5.1** 锚筋体材料:主要以非预应力锚杆、预应力锚杆和预应力锚索为主。

(1)锚筋体采用钢筋应符合下列规定:

①预应力锚筋体应采用高强度精轧螺纹钢。高强度精轧螺纹钢的力学性能指标应满足国家现行有关标准的规定。

②对预应力值较小和长度小于 20m 的锚杆,预应力筋也可采用 HRB 400 级或 HRB 335 级钢筋。

③锚杆的连接构件应能满足承受体的极限抗拉力。

(2)锚筋体采用钢绞线应符合下列规定：

①用于制作预应力锚索的钢绞线、环氧涂层钢绞线、无黏结钢绞线，应符合现行国家标准《预应力混凝土用钢绞线》(GB/T 5224—2003)的规定。

②荷载分散型锚索应采用无黏结钢绞线，技术指标应满足相关规范要求。

③除修复的情况外，预应力钢绞线不得连接。

**5.5.2**　锚筋体组装：锚筋体的组装应遵守下列规定：

(1)预应力锚杆(索)的制作须搭设锚杆(索)组装架，高度不低于50cm。(附录图B.3-7)。

(2)锚杆组装时，钢筋应平直，除油、除锈处理合格(附录图B.3-8、图B.3-9)。锚杆接头采用专用锚杆连接接头，不得采用焊接技术。锚杆体自由段按设计要求采用套管，与锚固段连接处应绑牢和封扎严实，并依设计要求防腐措施处理合格。

(3)全长黏结型预应力锚杆，其锚筋材料通常采用高强精轧螺纹钢，锚固段须采用套筒触角支架绑接定位支架(附录图B.3-10、图B.3-11)，严禁焊接。其锚固段与张拉段之间的间隔段和张拉段防腐蚀措施，须采用喷锌0.2mm，变性环氧涂层0.2mm，外加6mm厚橡胶管封闭的复合防腐处理措施，其主要施工工艺如下：

①清除锚杆表面一切油污、浮锈、可溶解的盐类和非溶解性的残留物。

②对杆体防护段表面喷射金属钢丸、石英砂或矿物砂等进行除锈，磨料粒度在0.5～1.5mm范围内；经喷射处理后应达到表面粗糙度在《涂装前钢材表面锈蚀等级和除锈等级》(GB/T 8923—1988)中规定的Sa2 $\frac{1}{2}$级，即在40～80μm的范围内。

③喷砂除锈后须立即(一般不宜超过12h，潮湿或含盐雾环境下不可超过2h，且锚杆表面不得有肉眼可见的氧化现象)进行第一层喷锌，间隔时间约10min后，进行第二层喷锌，喷锌总厚度0.2mm，喷锌采用电弧喷涂。

④在最后一道喷锌的余热下进行变性环氧涂层喷涂，后一道涂料必须在前一道涂料干透后方可涂装，封闭层的干膜厚度为0.2mm。

⑤安装橡胶套管，间隔段锚杆腐蚀防护段外露套管两端各10cm，用铁丝扎紧或用高压胶布密封。

(4)锚索编束，钢绞线或高强钢丝要顺直，严格依据设计尺寸下料。钢绞线要求采用机械切割(附录图B.3-12)，严禁电弧切割，除油、除锈处理合格，对有死弯、机械损伤及锈坑的材料应剔除。同时，按设计要求进行防腐处理。采用压力分散型锚索或其他荷载分散型锚索，应严格按照设计相关要求下料和编制。

(5)锚索编束规定：由长至短分别为第一组、第二组、第三组、第四组等，采用钢绞线上机械刻槽区分；并在其无黏结钢绞线外包皮末端辅以不同颜色的油漆标识，标识长度不小于10cm。

(6)压力分散型(或拉压复合型)等荷载分散型锚索，锚固段的钢质承载板与挤压套连接应采用对拉螺栓固定，所有钢质材料外露部分要求涂刷防锈漆保护(附录图B.3-

13)。挤压套要求进行现场挤压抽样检查(附录图 B.3-14),抽样数量宜为 1% ~2%,试验荷载不小于 200kN;外锚头锚具须进行抽样试验,抽样数量为 3% ~5%,并满足相关技术指标。

(7)锚索体完成隔离支架与紧箍环的组装后(附录图 B.3-15),应在其底端接装导向帽。导向帽尺寸应严格按设计要求制作,尺寸制作误差在 ±5mm 之内,接装定位误差在 ±20mm 之内,并留有溢浆孔,保证孔底返浆。导向帽宜点焊固定于最前端承载板上(限位片),严禁直接焊接于钢绞线上。(附录图 B.3-16)

**5.5.3** 锚筋体防腐:锚筋体自由段的防腐与隔离应严格按照设计要求施做。预应力锚杆采用注入油脂的套管;拉力型或拉力分散型预应力锚索自由端采用无黏结钢绞线;压力型或压力分散型预应力锚索全段采用无黏结钢绞线。锚筋体的防腐应采用无黏结预应力筋和压力分散型锚头等技术,提高自由段的防腐等级和改善锚固段的工作状态。

**5.5.4** 注浆管:注浆管应具有足够的内径,能使浆液压至钻孔的底部;同时应满足设计要求,具有足够强度,保证在注浆施工过程中注浆顺利,不堵塞、爆管或破损拉断,其应能承受不小于 1.0MPa 的压力;二次高压注浆管应能承受二次高压注浆的压力,其耐压力不应小于 2.0MPa。一次注浆管捆扎在锚筋体中轴部位,注浆管头部距锚筋体末端宜为 50 ~100mm。采用二次注浆须另置注浆管,二次高压注浆管与一次注浆管一起捆扎,管口要求用胶布封堵严实。

**5.5.5** 锚筋体长度:锚固段长度制作允许误差为 ±50mm,自由段长度除满足设计要求外,应充分考虑张拉设备和施工工艺要求,须预留长度为 1.0 ~1.5m。

**5.5.6** 锚筋体检验:锚筋体制作完成后,锚索须顺直完好、无死弯硬折和严重碰割损伤,排列分布与编束绑架应符合设计要求。锚筋自由段塑料套管、注浆套管、隔离(对中)支架、紧箍环以及导向帽绑扎应符合设计要求,塑料套管绑扎稳固密塞,具有足够强度,外观完好,无破损修补痕迹;隔离(对中)支架、紧箍环和导向帽等分布均匀、定位准确,绑扎结实稳固。并且,应按锚筋体长度和规格型号进行编号挂牌,使用前需经现场监理工程师认可。

**5.5.7** 锚筋体的储存、运输与吊装:锚筋体的储存、运输与吊装宜因地制宜拟订方案。组装完成的锚筋体应顺直地分开摆放在通风干燥处,不得直接与地面接触。水平运输时,各支点间距不得大于 2m,锚筋体的弯转半径不宜太小,以不改变和损伤钢筋体结构为限。垂直运输时,除主吊点外,其他吊点应使锚筋体快速、安全脱钩。在运输和吊装过程中,不得损伤锚筋体及其防护介质和组成部件。

**5.5.8** 锚筋体安装:锚孔钻造完成后,应及时安装锚筋体,锚筋体安装进入锚孔前,应检查锚筋体制作质量,确保锚筋体组装满足设计要求,并由现场监理工程师严格检验;安放锚筋体时，应防止锚筋体挤压、弯曲或扭转，要求平顺推送(附录图 B.3-17)，严禁抖动、扭转和串动，防止中途散束和卡阻；锚筋体安装完成后，不得随意敲击，不得悬持重物。

## 5.6　注浆施工

**5.6.1**　锚固体安装完毕要及时并进行锚孔注浆，原则上间隔时间不得超过 24h。

**5.6.2**　注浆设备：应根据设计要求的注浆材料、注浆方式和注浆压力，并结合实际锚固地层情况，综合确定选用相应注浆设备(附录图 B.3-18、图 B.3-19)。

**5.6.3**　注浆材料：注浆材料依据设计图纸要求确定。一般宜选用灰砂比 1∶1 ~ 1∶2，水灰比 0.45 ~ 0.5 的水泥砂浆或水灰比 0.45 ~ 0.5 的纯水泥浆，必要时可以加入一定量的外加剂。

**5.6.4**　原材料要求：水泥宜使用普通硅酸盐水泥，必要时采用抗硫酸盐水泥，不得使用高铝水泥；细集料应选用粒径小于 2mm 的中细砂，砂的含泥量按质量计不得大于 3%，砂中所含云母、有机质、硫化物及硫酸盐等有害物质的含量，按质量计不宜大于 1%；拌和水中不应含有影响水泥正常凝结与硬化的有害物质，不得使用污水；永久性锚固工程不得使用 pH 值小于 4.0 的酸性水和硫酸盐含量按 $SO_4^{2-}$ 计算超过水重 1% 的水。必要时，水泥浆中可加入控制泌水或延缓凝结等外加剂，但必须符合产品标准；水泥浆中氯化物的总含量不得超过水泥质量的 1%；除二次高压注浆(劈裂注浆)和自由段二次注浆(补充注浆)外，一般不宜采用膨胀剂。

**5.6.5**　注浆浆液：注浆浆液应严格按照配合比搅拌均匀，随搅随用，浆液应在初凝前使用，并严防石块、杂物混入浆液，注浆浆体强度不应低于 20MPa。

**5.6.6**　锚孔注浆：锚孔注浆必须采用孔底返浆方法(附录图 B.3-20)，直至孔口溢出新鲜浆液，严禁抽拔注浆管或孔口注浆；如发现孔口浆面回落，应在 30min 内进行孔底压注补浆 2 ~ 3 次，确保孔口浆体充满。当使用自由段带套管的预应力筋时，宜在锚固段长度和自由段长度内采取同步注浆。当采用自由段无套管的预应力筋时，应进行两次注浆，第一次注浆时，必须保证锚固段长度内灌满，但浆液不得流入自由段。预应力筋张拉锚固后，应对自由段进行第二次注浆。永久性预应力锚杆应采用封孔灌浆，应用浆体灌满自由段长度顶部的孔隙。灌浆后，浆体强度未达到设计要求前，预应力筋不得受扰动。在注浆作业开始后中途停止较长时间再作业时，应用水或水泥稀浆润滑注浆泵及注浆管路。一次常压注浆作业从孔底开始，直至孔口溢出新鲜浆液，即全段一次性注浆；一次常压注浆结束后，应将注浆管、注浆枪和注浆套管清洗干净。对止浆密封装置的注浆应待孔口溢出新鲜浆液后进行,注浆压力不宜低于2.5MPa。

**5.6.7** 一次常压注浆:一次常压注浆分为锚固段注浆和全段一次性注浆两种注浆方式,一般常采用全段一次性注浆。

**5.6.8** 二次补充注浆:二次补充注浆适用于锚固段和自由段先后分别注浆,即在预应力张拉锁定工序完成之后,对锚固体的自由段进行补充充填注浆。

**5.6.9** 二次高压注浆(劈裂注浆):根据设计要求,锚固段遇土质或砂土状强风化岩层且富水时应采用二次高压劈裂注浆法来提高地层锚固力。二次高压注浆的注浆材料宜选用水灰比0.45~0.5的纯水泥浆。对锚固体的二次高压注浆应以浆体强度控制开始劈注时间(一次注浆体强度为5MPa),需在二次注浆管的锚固段内设花孔和封塞,二次注浆的高压注浆管应采用镀锌铁管、钢管或达到同等压力的PVC管。通常注浆压力、注浆数量和注浆时间可根据锚固体的体积及锚固地层情况确定,并分段依次由下至上进行。

**5.6.10** 注浆记录与试验:注浆作业过程应做好注浆记录(附录图B.3-21)。同时,每批次注浆都应进行浆体强度试验,且不得少于两组,保证满足设计浆体强度要求。注浆过程应认真做好现场施工注浆记录,每批次注浆都应进行浆体强度试验,试件不得小于两组。浆体未达到设计强度的70%时,严禁在锚筋体端头悬挂重物和拉绑碰撞。

## 5.7 张拉锁定与封锚

**5.7.1** 张拉锁定设备:锚筋的张拉必须采用专用设备,有条件时应采用数控智能张拉设备,作业前应对张拉机具设备进行标定,锚筋锁定工作应采用符合技术要求的机具。

**5.7.2** 锚筋张拉:锚筋张拉应遵守下列规定:

(1)锚斜托台座的承压面应平整,并与锚筋的轴线方向垂直。

(2)锚具安装应与锚垫板和千斤顶密贴对中,千斤顶轴线与锚孔及锚筋体轴线在一条直线上,不得弯压或偏折锚头,确保承载均匀同轴,必要时用钢质垫片调整满足。

(3)锚筋体与台座混凝土强度均达到设计强度的80%以上时,方可进行张拉(如为抽验锚孔,应在达到设计强度的条件下,待验收试验结束后进行)。

(4)锚筋张拉应按要求进行,锚筋张拉顺序,须考虑邻近锚孔的相互影响。

(5)锚筋正式张拉之前,应取0.1~0.2倍设计张拉力值对锚筋进行1~2次预张拉,确保锚筋体各部分接触密贴,锚筋体顺布平直。

**5.7.3** 锚筋张拉程序:锚筋张拉程序应严格按照设计要求作业,常用张拉作业顺序和技术要求如下:

(1)边坡锚固工程的锚筋张拉宜采用超张拉,超张拉力值为设计拉力值的 1.05 ~ 1.1倍。锚杆(索)张拉荷载分级和位移观测时间详见表 5-1。

**表 5-1　锚杆(索)张拉荷载分级和位移观测时间**

| 荷载分级 | 位移观测时间(min) | | 加荷速率(kN/min) |
|---|---|---|---|
| | 岩层、砂土层 | 黏性土层 | |
| 0.1 ~ 0.2Nt | 2 | 2 | 不大于 100 |
| 0.5Nt | 5 | 5 | |
| 0.75Nt | 5 | 5 | |
| 1.0Nt | 5 | 10 | 不大于 50 |
| 1.05 ~ 1.1Nt | 10 | 15 | |

注:Nt——锚杆(索)轴向拉力设计值。

(2)补偿张拉要求。荷载分散型预应力锚索,各单元锚索自由段长度不同,在同等设计荷载条件下,其弹性伸长量不等,需按照设计张拉要求对各单元锚索分别进行补偿张拉后,再同时张拉各单元锚索。

(3)锚索的预应力在补足差异荷载后分 5 级按有关规范或规定施加,即设计荷载的 20%(或 10%),50%,75%,100% 和 110%(或 105%)。在张拉最后一级荷载时,应持荷稳定 10 ~ 15min 后卸荷锁定,同时分别记录每级荷载对应锚筋体的伸长量,并做好记录。锚索锁定后 48h 内,若发现预应力损失大于锚索拉力设计值的 10% 时,则应及时进行补偿张拉(附录图 B.3-22)。

(4)对同一结构单元上的锚筋张拉原则要求同步进行,确保结构受力均匀,避免局部变化和相互影响。如果因施工设备和结构条件限制,根据结构单元受力特点与规律,按照合理的方式进行循环张拉。

(5)采用循环张拉,在第一次张拉作业时,宜按照先左右后中间,先上下后中间和先对角后中间的作业原则进行,结合具体结构单元受力特点和锚孔布置情况,合理拟定张拉方案,报设计、监理单位审核批准后,方可作业施工。第二次张拉作业,即按照第一次张拉作业顺序循环张拉作业,直至张拉满足设定最大张拉荷载值。

**5.7.4**　锚筋锁定:锚筋张拉至设定最大荷载值并持荷稳定 10 ~ 15min,然后进行锁定作业。锁定使用锚具和夹片应符合技术标准与质量要求。在张拉过程中发现有明显预应力损失时,应及时进行补偿张拉。

**5.7.5**　锚固工程质量抽检:锚固工程张拉锁定后,需依据相关规定和规范要求进行锚固工程质量抽检试验。

**5.7.6**　锚孔封锚:锚筋锁定后,应采用机械切割余留锚筋,严禁电弧烧割。锚筋切除时预留长度应不少于 100mm 外露锚筋,以防拽滑,锚索封锚前应逐孔检查外露段是否满足要求。最后须用水泥净浆注满锚垫板及锚头各部分空隙,并按设计要求封锚处理,封锚混凝土宜不低于20MPa,防止锈蚀和兼顾美观。

## 5.8 锚杆(索)框架

**5.8.1** 框架梁钢筋绑扎、混凝土浇筑。

(1)根据设计图纸要求,对锚孔位置及框架放线定位,并满足要求。

(2)依据设计图纸对框架竖梁、横梁尺寸及钢模板厚度准确挖出竖梁、横梁肋轮廓,且坡面必须刻槽(附录图 B.3-23),深度须满足设计图纸要求。

(3)安置框架钢筋前,应先清除框架基础底浮渣,并对梁底地基砂浆调平(附录图 B.3-24),保证基础密实、平整。

(4)混凝土施工模板需采用钢模板,钢模板的拼装要平整、严密、净空尺寸准确,符合设计要求(附录图 B.3-25)。模板表面刷隔离剂,便于脱模。

(5)钢筋绑扎接头需错开,同一截面钢筋接头数不得超过钢筋总根数的1/2,且有焊接接头的截面之间的距离不得小于1m。

(6)灌注混凝土前,必须将锚具中的螺旋钢筋、波纹管(宜用钢质)和锚垫板按设计要求固定在地梁或立柱的钢筋上,方向与锚孔方向一致,摆放平整,再一起现场浇筑、振捣,尤其在锚孔周围,钢筋较密集,应仔细振捣,保证质量。

(7)框架应分片施工,每片由两至三根立柱及其横梁、顶梁组成。两相邻框架接触处(横梁、顶梁)留2cm宽伸缩缝,用浸沥青木板填塞。

(8)坡面亏坡时,框架梁背侧坡面欠坡部位要采用浆砌片石或同强度等级的混凝土回填修补。

(9)框架梁浇筑完成,梁侧开挖槽部位,需采用砂浆或黏土回填夯实,同时,需按设计要求完成框架梁内排水施工,防止后期雨水冲刷。

(10)锚斜托部位要配置钢模板,整体浇筑,未配置钢模板不容许框架梁的浇筑施工。

**5.8.2** 现浇混凝土框架梁,应达到设计强度的70%后,方可进行锚索张拉。

## 5.9 质量控制

**5.9.1** 锚固工程开工前应对锚杆(索)进行基本试验(即破坏性抗拔试验),以确定锚杆(索)的极限承载力,检验锚杆(索)在超过设计拉力并接近极限拉力条件下的工作性能和安全程度,以便在正式使用前调整锚杆(索)结构参数或改进锚杆(索)的制作工艺,保证施工质量。

**5.9.2** 预应力锚固工程施工完成后应按设计或规范要求对锚固工程进行验收试验。验收试验的锚杆(索)数量不得少于锚杆(索)总数的5%,且不少于3根。对有特殊要求的工程,可按设计要求增加验收锚杆(索)的数量。锚杆(索)的验收试验技术标准应满足相关规范要求。

**5.9.3**　锚孔检验标准,如表5-2所示。

**表5-2　锚孔检验标准**

| 项次 | 检验项目 | | 规定值或允许偏差 | 检验方法及频率 |
|---|---|---|---|---|
| 1 | 孔位 | 坡面纵向 | ±50mm | 用经纬仪或拉线和尺量检查 |
| | | 坡面横向 | ±50mm | |
| | | 孔口高程 | ±100mm | 用水准仪或拉线和尺量检查 |
| 2 | 孔向 | 孔轴线倾角 | ±1.0° | 用测角仪或地质罗盘检查 |
| | | 孔轴线方位 | ±1.0° | 用测角仪或地质罗盘检查 |
| | | 孔底偏斜 | 锚孔深度的3% | 用钻孔测斜仪检查 |
| 3 | 孔径 | | 设计孔径的+5%,0 | 验孔或尺量检查 |
| 4 | 孔深 | | 大于设计深度200~500mm | 验孔或尺量检查 |

**5.9.4**　锚索张拉前应对张拉设备进行标定,孔口支撑墩尺寸和混凝土强度应满足张拉要求,张拉过程中应仔细观察锚索应力的变化,如发现明显的松弛,应分析原因并采取措施。

**5.9.5**　压浆过程中应详细记录水泥浆用量,一般实际用量应高于计算用量的20%,孔口应流出新鲜浆液。如用浆量太大,应做好记录,根据实际情况,判别是否由岩层裂隙或空洞造成。

**5.9.6**　其余实测项目参见《公路工程质量检验评定标准》(JTG F80/1—2004)。

**5.9.7**　地梁和框架混凝土质量应满足下列要求:

(1)预留(埋)孔位、孔径和倾角等应符合施工图设计要求。

(2)锚斜托的承力面应平整,且与锚索受力方向垂直。

(3)锚杆(索)地梁或框架强度满足设计要求,外观上顺直、美观,无麻面。

(4)锚杆(索)地梁或框架允许偏差和检查方法应符合表5-3的规定。

**表5-3　地梁或框架的允许误差和检查方法**

| 序号 | 检查项目 | 规定值或允许偏差 | 检查方法 |
|---|---|---|---|
| 1 | 孔距偏差 | ±50mm | 每20m用经纬仪检查3点 |
| 2 | 孔口高程 | ±100mm | 每20m用水准仪检查3点 |
| 3 | 锚杆(索)轴线误差 | ±3° | 查施工记录,每20m查2根 |
| 4 | 框架地梁混凝土强度 | 满足设计要求 | 每个工点取3组试样试验 |
| 5 | 框架地梁断面尺寸 | 满足设计要求 | 每5根抽查1根 |

# 6 抗滑桩工程

## 6.1 一般规定

**6.1.1** 制订详细的专项施工组织计划。专项施工组织计划中,要明确提出施工安全预警机制,临时稳定支护方案等措施。

**6.1.2** 抗滑桩桩坑采用人工开挖时,需先完成孔口安全防护,确保工程施工安全。

**6.1.3** 抗滑桩桩坑人工开挖过程中,需配备降排水设备,制定桩坑排水措施,有效降低地下渗水对抗滑桩护壁稳定的影响,确保抗滑桩施工安全。为确保护壁稳定,施工安全,需制定护壁稳定临时支护措施。

**6.1.4** 抗滑桩应严格按设计图施工,及时进行地质编录,以利于反馈设计,当实际情况与设计有较大出入时,应及时向监理、设计和项目业主单位报告,便于变更设计。实挖桩底高程须会同设计、勘查等单位现场确定。

**6.1.5** 抗滑桩混凝土浇筑前,应结合工程实际地质条件,确定混凝土浇筑方案。混凝土浇筑,须使用串桶,串桶距离混凝土浇筑面高度不得大于2m;对于地下水丰富地区的抗滑桩混凝土施工,需参照桥梁桩基水下混凝土浇筑施工技术。

**6.1.6** 抗滑桩施工过程中应预埋检测管,施工完成后,应对全部抗滑桩进行超声波检测,确保抗滑桩施工质量。

**6.1.7** 对于抗滑桩的预应力锚索施工,参照锚固工程施工。

**6.1.8** 抗滑桩施工完成后,应对抗滑桩进行编号,编号文字高度为20cm,以便于工程管理。

## 6.2 施工工序

抗滑桩人工开挖施工工序如图6-1所示。

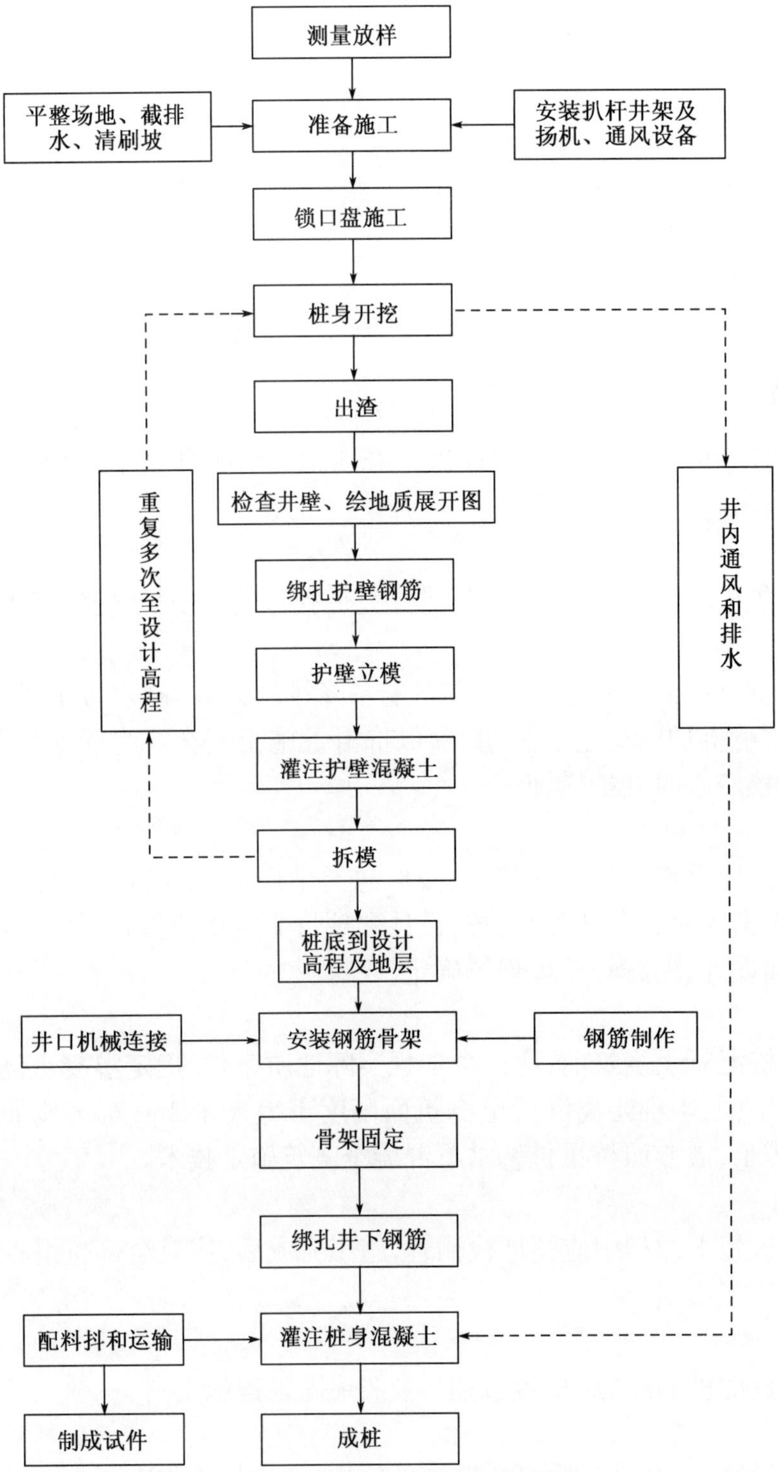


图 6-1　抗滑桩人工开挖施工工序

## 6.3　施工要点

### 6.3.1　施工准备

(1)抗滑桩平面位置应按图纸放样,开挖过程中应核对滑动面情况。

(2)整平孔口地面,施工桩区地表截、排水及防渗措施。孔内地面下0.5m内应先施工加强衬砌,孔口地面上锁口盘施工需按设计文件执行,锁口盘需加筑围埂,高度不小于0.3m。在雨季施工时,孔口应搭雨棚。

(3)备好各项工序的机械设备和桩孔内排水、通风、照明设备。

(4)设置滑坡变形的观测和监测设施。

(5)设置滑体和建筑物上的位移和变形观测标志,预防施工期间发生突发事故;施工竣工后应依据相关要求继续观测,以检验效果。

(6)完善施工作业人员的安全防护措施。井口竖立吊架(三角架或摇头扒杆),供开挖过程出渣使用,宜配置防坠器(附录图B.4-1)。起吊高度超出井口3m以上的,在井口设置供工人装卸料斗的脚踏板。桩坑开挖2m后,抗滑桩井口须设置防护措施(附录图B.4-2),防止人员掉入孔内。

(7)对开挖路堑边坡(或山坡)而引起的滑坡采用抗滑桩工程治理时,为防止施工过程中滑坡体滑动,可采取原土回填反压以平衡滑体,待防护系统完工后再将其挖除。

### 6.3.2　抗滑桩挖孔

(1)采用人工开挖桩坑时,须采用跳桩开挖方式(一般采用跳一挖一、跳二挖一等方式),抗滑桩坑开挖方式和施工工序需严格依据设计文件要求进行施工。

(2)坡体变形较大时,抗滑桩桩坑开挖施工应由两侧至中间进行。

(3)桩坑施工须分节开挖,每节最大高度不宜超过1.2m,详见表6-1,挖一节应立即支护一节。围岩较松软、破碎或有水时,分节应缩短或按设计要求进行开挖。分节不应在土石层变化和滑动面处。常规开挖高度详见表6-1。

**表6-1　分节开挖高度表**

| 序　号 | 地 质 类 别 | 每节开挖深度(m) | 说　明 |
|---|---|---|---|
| 1 | 扰动松散土或弃渣 | 0.2~0.5 | 1. 含水地层灵活掌握;<br>2. 井口一节应高出地面0.3~0.5m;<br>3. 桩坑垮塌严重段宜先注浆后开挖 |
| 2 | 中密土夹石 | 0.4~0.8 | |
| 3 | 密实黏土、砂黏土、夹卵石、碎石 | 0.5~1.2 | |

(4)桩坑内工作人员不宜超过2人。人员下坑前,需测量桩坑内空气浓度及污染情况,如超过规范规定的各项污染物浓度或桩井深度大于10m时,应增设通风设施。

(5)桩坑内照明必须采用安全电压(附录图B.4-3)。桩坑内照明应采用低压灯泡(36V),爆破前全部提出井外拆除。

(6)出渣进料的升降设备,宜采用满足要求的电动卷扬机。若工地具体施工条件无法满足,需采用人力绞车时,须报监理工程师批准后方可采用。出渣吊斗设备必须有双套防开保险装置,并配备防坠器。

(7)桩坑内爆破,孔深3m以内可采用非电起爆,大于3m宜采用迟发雷管电器引爆。爆破时坑口应上盖封闭,爆破后用高压风管吹风排烟,排烟后,喷水降尘,15min后方可作业。

(8)施工过程中,因土层软弱、松散、地下水渗透等作用产生坑壁塌方时,护壁厚度、钢筋应适当加强,塌腔内须使用同强度等级混凝土填充。若塌方较严重时可对护壁进行钢支撑。

(9)桩坑内人员下井时,需对护壁变形进行检查。若护壁变形,施工单位应及时上报监理、设计及项目业主单位,共同研究处理措施。变形较大时,应停止施工。

(10)桩坑内人员上下宜采用直径 16 ~ 18mm 的钢筋梯,每节长度 2 ~ 4m,宽 0.3 ~ 0.5m,使用时顶节插入预埋环中,其余逐级挂接,或分节扣挂于坑壁预埋 U 型杆件上。爆破时,底部 2 ~ 3 节钢筋梯应吊离坑底,以免受损发生安全事故。

(11)开挖桩坑遇地下水时,应及时会同设计等有关单位研究处理措施。坑内积水需及时排除,但不能持续强抽水,以免造成坑壁坍塌。

(12)桩坑开挖过程中应及时进行地质编录,仔细核对滑面(带)情况,综合分析研究,当实际情况与设计有较大出入时,应及时报业主、监理及设计单位,以便动态设计,实挖桩底高程和地质应会同设计、勘查等单位现场确定。

(13)桩坑开挖的弃土出桩坑后须立即运走,不得在滑坡体上随意堆放,防止诱发次生灾害。

(14)抗滑桩采用机械钻孔时,应参见桥梁桩基施工。

### 6.3.3　护壁浇筑

(1)护壁浇筑前应清除坑壁上的松动石块、浮土。护壁质量及厚度应符合设计要求。

(2)地质松软破碎和滑动面处的护壁节段,应在护壁内顺滑坡方向采取临时横向支撑加强支护,并注意观察其变形情况。当发现横撑受力变形、破损而失效时,坑内施工人员必须立即撤离。

(3)浇筑护壁混凝土时,护壁不得侵占抗滑桩截面空间。桩坑开挖过程中应随时校准其垂直度和净空尺寸。

### 6.3.4　钢筋笼的制作与安装

(1)钢筋笼制作需根据工程实际情况和抗滑桩规格确定钢筋笼制作方案,钢筋的连接须满足规范要求。抗滑桩规格较小时,宜采用工厂化制作,整体吊装或分节安装。

(2)抗滑桩主筋须采用机械连接,其他钢筋宜提前加工完成,现场绑扎,并保证钢筋的保护层厚度。

(3)钢筋笼主筋的机械连接须在坑口连接完成(附录图 B.4-4),不得在坑内连接,监理工程师需对主筋连接现场检查,并抽检备案。主筋机械连接的强度满足设计和规范要求后,方可在坑中安装;构造筋和箍筋可在坑内绑扎。

(4)主筋连接处不得放置于钢筋弯曲处、土石分界和滑动面(带)处。

### 6.3.5　浇筑桩身混凝土

(1)桩身混凝土浇筑时,由于水化热作用,坑内温度较高,为确保人员施工安全,需对坑内进行通风。

(2)浇筑前须排出桩坑内积水,排水设备须装有逆流阀设备,确保排水设备提起时,排水管中残留水不致回流入桩坑内。当桩坑内积水量小无法抽尽时,可用部分干拌混凝土混合料或干水泥铺入孔底,然后再浇筑混凝土;当坑内渗水量过大时,应采取措施降低坑内积水,必要时可在坑底设置积水坑,预埋潜水泵降水。

(3)当护壁渗水严重时,对渗水部位,需在混凝土浇筑前采用防水材料封闭渗漏部位,确保桩身混凝土强度和桩身的整体质量。

(4)混凝土浇筑,需采用串筒下料(附录图 B.4-5)、分层振捣浇筑(水下混凝土除外),不得间断。

(5)当孔底积水厚度小于 100mm 时,可采用干法灌注;否则应先采取措施处理积水后,再进行混凝土灌注。

(6)采用干法灌注时,混凝土应通过串筒注入桩孔,串筒的下口与混凝土面的距离为 1~3m。

(7)桩身混凝土,每连续灌注 0.5~0.7m 时,应插入振动器振捣密实一次。

(8)抗滑桩浇筑需加强混凝土振捣,应根据抗滑桩截面积确定振捣人数。

(9)当坑内地下水丰富,无法按设计要求和相关规定排除坑内积水时,桩身混凝土的施工须采取水下混凝土浇筑施工工艺,水下混凝土必须具有良好的和易性,其配合比按计算和试验综合确定。水灰比宜为 0.5~0.6,坍落度宜为 160~200mm,砂率宜为 40%~50%,水泥用量不宜少于 $350kg/m^3$,水下混凝土施工须满足相关规范要求。

(10)地下水或环境土有侵蚀性时,水泥应按有关规定选用。

(11)桩身混凝土应满足设计强度要求。监理工程师需对混凝土进行试验抽检,抽检要求须参见桩基试验规范。

## 6.4 质量检测

**6.4.1** 抗滑桩施工过程中每根桩需预埋 4 根声测管(附录图 B.4-6),施工完成后,要对全部抗滑桩进行超声波透射法检测,确保抗滑桩施工质量。当抗滑桩检测结果显示抗滑桩存在异常现象时,应对桩身混凝土进行取芯检查。

**6.4.2** 采用钻孔取芯法进行桩身混凝土强度检测应按《基桩钻芯检测技术规程》(DBJ 13-28—1999)规定执行(附录图 B.4-7)。

**6.4.3** 对于预应力锚索抗滑桩施工,需进行锚索基本试验(详见本册“锚固工程施工”)。

**6.4.4** 预应力锚索抗滑桩施工完成后,应按设计或规范要求对锚固工程进行验收试验(详见本册“锚固工程施工”)。

## 6.5　质量控制

**6.5.1**　开挖断面尺寸不得小于护壁厚度加桩身断面尺寸。

**6.5.2**　开挖深度应达到设计要求。

**6.5.3**　实测项目详见现行《公路工程质量检验评定标准》(JTG F80/1—2004)。

# 7 挡土墙工程

## 7.1 一般规定

**7.1.1** 挡土墙施工前,应做好截、排水及防渗设施。

**7.1.2** 岩体破碎、土质松软或地下水丰富地段修建挡土墙,宜避开雨季施工。

## 7.2 施工要点

**7.2.1** 基坑开挖

(1)基坑开挖应分段跳槽开挖。土质基坑应保持干燥,雨天施工坑内积水应及时排除,受水浸泡的基底土应全部予以清除,并以满足填筑要求的土体回填(或以砂、砾石夯填)至设计高程。

(2)基坑开挖时应核对地质情况,基底应进行承载力检测。当达到设计的基坑承载力要求时,方可进行下一道工序施工;若不能达到设计基坑承载力要求,应根据设计要求及有关规范处理,达到设计要求后方可继续下一道工序的施工。

(3)边坡稳定性差或基坑开挖较深时,应设置临时支护和排水措施,确保基坑不受水的侵害。

**7.2.2** 挡土墙基础

(1)墙基础直接置于天然地基上时,基底承载力应经检验合格后,方可开始砌筑。

(2)墙基础采用倾斜地基时,应按设计倾斜挖凿,不得用填补法筑成斜面。

(3)当挡墙基础设置在岩石的横坡上时,应清除表面风化层并按设计凿成台阶;沿墙长度方向有纵坡时,应沿纵坡按设计要求做成台阶。

**7.2.3** 挡土墙墙身

(1)浆砌挡墙

①浆砌片(块)石挡土墙砌筑时必须两面立杆或样板挂线,外面线应顺直整齐,逐层收坡。在砌筑过程中应经常校正线杆,以保证砌体各部分尺寸符合设计要求。

②当基底为岩基或混凝土基础时,应先将表面加以清洗、湿润,坐浆砌筑墙身。砌筑工作中断后再进行砌筑时,应将砌层表面加以清扫和湿润。

③砌体应分层坐浆砌筑。砌筑上层时，不应振动下一层，不得在已砌好的砌体上抛掷、滚动、翻转和敲击石块。砌筑完后，应进行勾缝。

④挡土墙应分段砌筑，工作段位置宜在沉降缝处。各段水平缝应一致；分段砌筑挡土墙时，相邻段的高差不宜超过1.2m。

⑤挡土墙的泄水孔须预先埋设排水管，向排水方向倾斜，保证排水顺畅，严禁反向倾斜。折线挡墙易积水处应设置泄水孔。

⑥砌体石块应互相咬接，砌缝砂浆饱满。砌缝宽度一般不大于3cm（浆砌块石），上下层错缝（竖缝）距离不小于8cm，并应尽量使每层石料顶面自身形成一个较平整的水平面。

⑦砌体出地面后，浆砌强度达到75%以上后，方可回填墙背填料。

（2）混凝土挡土墙

混凝土挡土墙的浇筑应符合设计和规范要求。当进行分层浇筑时，应注意预埋石笋，连接处混凝土面应凿毛，并在浇筑前清洗干净。

**7.2.4**　墙背填料、填筑

（1）墙背填料需满足透水性强、抗剪强度大且稳定等要求。应优先选择渗透性良好的碎石类土、砂类土作填料。填料中严禁含有有机物、草皮、树根、冰块等杂物及生活垃圾。

（2）浸水挡土墙的墙背应全部采用水稳定性和透水性良好的材料填筑。

（3）挡土墙的墙体达到设计强度75%以上时，方可进行墙背填料施工。挡土墙顶面应做成与路肩一致的横坡度，以便排除路面水。

（4）墙背回填须均匀、平整，填料顶面应按设计要求设置横坡，一般为2%～3%。墙后1m范围内，不得有大型机械行驶或作业。墙背填筑应分层填筑，松铺厚度不得超过20cm，压实度应满足规范和设计文件要求（《公路挡土墙设计与施工技术细则》（2008年）13.5.5）。

## 7.3　质量控制

**7.3.1**　砌体表面平整，砌缝完好、无开裂现象；勾缝平顺、无脱落现象，泄水孔坡度向外，无堵塞现象；沉降缝整齐垂直，上下贯通，施工完后用麻絮沥青填塞。

**7.3.2**　混凝土的表面应平整，表面的蜂窝麻面不得超过该面积的0.5%，深度不超过8mm。

**7.3.3**　位于弯道处的挡土墙应平顺、圆滑、美观。

**7.3.4**　挡土墙断面尺寸应不小于设计要求。

**7.3.5** 砌石分层错缝、嵌填砂浆的饱满度和密实度应满足设计要求。

**7.3.6** 墙背填料符合设计和施工规范要求。

**7.3.7** 沉降缝、泄水孔的数量应符合设计要求。

**7.3.8** 实测项目质量应满足规范《公路工程质量检验评定标准》(JTG F80/1—2004)规定的要求。

# 8　排水工程

## 8.1　一般规定

**8.1.1**　坡体排水系统设计,应进行全面、详细地调查研究,查明地表水和地下水的分布状况和大小,分析水对滑坡的影响程度,做到地面排水设施和地下排水设施相互配合,相互协调,同时做到排水工程与其他处治工程相互配合,以最大可能排除影响坡体稳定的各种水源。

**8.1.2**　挖方高边坡开挖施工前,应优先完成坡顶截排水系统;施工期间,需完善坡面排水系统,并应经常维护临时排水设施,保证水流畅通。

**8.1.3**　滑坡工程要依据设计要求优先夯填裂缝,完善地表临时排水措施;滑坡体外地表汇水不得进入滑坡区域,滑坡区域范围内地表水要及时排除,减小地表汇水入渗坡体。

**8.1.4**　坡体自然冲沟部位要进行铺砌和依据设计要求完善排水系统。

**8.1.5**　平孔排水、井点降水等工程措施,施工完成后,应对其进行编号,编号文字高度为20cm,以便于工程管理。

## 8.2　施工要点

**8.2.1**　地表排水

(1)边沟、排水沟、截水沟

①边沟、排水沟、截水沟的测量放样应适当加密,位置应顺地形调整,确保沟体线形美观,达到线形圆顺。

②排水应按设计及规范要求施工,并依照实际地形选择合适的位置将地面水和地下水排导出路基外,并与自然水系衔接。平台排水沟要顺接入截水沟,以利于边坡平台排水。

③截水沟施工,其靠仰坡侧砌体需低于坡体地表不小于10cm,以便地表水顺流入截水沟。截水沟砌筑后,在坡体上方的砌体与山坡土体连接处,坡面地表水容易产生渗漏,

应清除杂草等植被，严格进行夯实和防渗处理。特别是地质不良、土质松软、透水性大或岩石裂隙较多地段，截水沟应采取沟底、沟壁、出水口加固措施，以防止坡体地表水渗入而影响坡体稳定。

④排水沟底板和边墙为人工操作，质量不易均匀。砌筑工艺总的要求为：平（砌筑层面大体平整）、稳（块石大面向下、安放稳实）、紧（石块间应靠紧）、满（石缝要以砂浆填满捣实，不留空隙）。

⑤截水沟顶面应略低于自然坡面，若遇冲沟应设缺口将水导入截水沟。

⑥截水沟的长度超过500m时应设置出水口，并将水引入自然河沟或桥涵进水口。截水沟的出水口，宜设置排水沟、急流槽或跌水，与其他排水设施平顺衔接。

⑦截水沟出水口一般应设深度不小于1m的截水墙或消能设施，以免出水口在水流作用下冲毁；排水系统应完善，不得随意排放或直接冲刷边坡。

⑧边沟加固。土质地段边沟沟底大于3%时易被水流冲刷，应采取加固措施。采用干砌片石铺砌边沟时，应选用有平整面的片石，砌缝用小石子嵌紧；采用浆砌片石铺筑时，砌缝砂浆强度应符合设计要求，砂浆应饱满，沟身应不漏水；采用沟底抹面加固时，抹面应平整压光。

⑨截水沟位置布设不宜距滑坡裂缝过近，避免截水沟开裂破坏。若截水沟须经过滑坡裂缝区域时，需采取折叠式木槽沟、砂胶沥青柔性混凝土预制块板等柔性结构的水沟。

⑩沟底、沟壁要求平整密实，不滞水、不渗水，渗漏或冲刷部位须予以加固。

⑪砌砖宜采用坐浆法，砌片石用坐浆法或灌浆法；石料或砖，使用前应洗刷干净。

⑫砌石时，基础应敷设50~80mm砂浆垫层，第一层宜选用较大片石；分层砌筑，每层厚度约250~300mm，由外向里，先砌面石，再灌浆塞实；铺灰坐浆要牢实。

⑬砌片石（砖）时，应注意纵、横缝互相错开，每层横缝厚度保持均匀。未牢固的砌层，避免振动。

⑭应勾缝的砌石面，在砂浆初凝后，应将灰缝抠深30~50mm，清净湿润，然后填浆勾阴缝。

（2）急流槽

①急流槽宜用浆砌片（块）石砌筑或混凝土浇筑。台阶高度应按设计或根据地形、地质等条件确定；多级台阶的各级高度可以不同，其高度与长度之比应与原地面坡度相适应，台阶高度应不大于0.6m；不同级坡面急流槽应上下对齐。

②急流槽的基础应嵌入地面以下，其底部应按设计要求砌筑抗滑平台并设置端护墙。

③进水槽和出水槽底部应按设计要求进行铺砌。特殊情况，应在下游铺设厚0.2~0.5m、长2.5m的防冲刷铺砌层。

④长急流槽应分段砌筑，分段长宜为5~10m，接头处须以防水材料填缝，填缝应密实无空隙。

⑤急流槽宜砌成粗糙面，或嵌入约10cm×10cm坚石块，以消能减小流速。

⑥对于汇水面积较大的路堑高边坡急流槽，应考虑加大、加深急流槽尺寸，并在底部设消能设施后，导入路基排水系统。

(3)自然冲沟部位地表排水

坡体沟槽部位应采用浆砌片石进行铺砌，施工需满足设计文件要求。

(4)地表裂缝夯填处理

①滑坡体裂缝，应立即对裂缝进行夯填，尽量减少地表水渗入量。

②裂缝夯填时，裂缝两侧的扰动土需挖掉，换用黏性土分层填塞夯实。

③夯实裂缝后需对其进行观测，如坡体变形裂缝重新发展有裂缝出现，要立即重新夯实。

**8.2.2**　坡体排水

(1)平孔排水的施工

①钻机成孔直径一般为75～150mm，仰斜坡度为8%～15%。排水管直径50～100mm，渗水孔梅花形布置，渗水段包裹1～2层无纺土工布，防止渗水孔堵塞。

②排水管渗水孔直径一般为10mm，纵向间距75mm，沿管周分三排均布排列，一排设于管顶，另两排设于管两侧，顶部与侧部圆孔交错排列。

③在施工过程中，应将施工揭示的地层及含水状态等实际情况及时报告业主、监理和设计代表，必要时调整孔位、孔数和孔深，以排水孔正常出水率达50%以上为宜。

(2)渗沟、支撑盲沟

①渗沟内用于集水和排水的填充料要经过筛选和清洗，级配应满足设计要求。

②渗沟的封闭层可采用浆砌片石、干砌片石水泥砂浆勾缝和黏土夯实。黏土层下部铺设双层土工布或草皮。

③渗沟的出水口宜设置端墙，端墙下部预留排水孔，大小同排水沟尺寸；端墙排水孔底面距排水沟沟底高度不宜小于20cm。

④渗沟须设置反滤层和隔渗层。沟底置于不透水层上时，反滤层设置于迎水侧，隔渗层设置于背侧；当沟底设在含水层时，两侧沟壁及沟底均应设置反滤层，反滤层的结构及材料级配应符合设计要求。

⑤渗沟开挖宜自下游向上游进行，随挖随填(即渗沟施工完成后迅速回填支撑)，不得暴露过久，以免造成坍塌；当渗沟开挖深度超过6m时，须选用框架式支撑，开挖时自上而下随挖随支撑，施工回填时自下而上逐步拆除支撑。

⑥支撑盲沟施工时，开挖基础应置于滑动面0.5m以下的稳定地基上。基底纵向为台阶式，每级台阶长度不小于4m，放坡系数控制在0.05以内。

⑦支撑盲沟基础砌筑，宜每隔1～3m设一牙石凸榫，可采用100～200mm填料片石；沟壁砂砾石反滤层厚度不应低于150mm。

(3)井点降水

①井点降水应按设计要求施工，降水管与孔壁之间需采用细沙回填(附录图B.5-1)。

②施工现场用电需注意安全，水泵用电需统一规划、整齐布置，破损电线严禁使用。

③降水井用水泵配置需满足工程需要，有条件的工地建议采用自动抽水设备（附录图 B.5-2）。

④抽出的地下水严禁随地排泄，坡体地表需设置排水沟或排水管。地表排水需统一规划、布置，集中排出坡外。

⑤现场要设置设备保护措施，以防施工破坏设备。

（4）泄水隧洞（附录图 B.5-3、图 B.5-4）

①泄水隧洞施工前，应先完成洞门墙及洞口工程，洞口需排编号管理。（附录图 B.5-5）

②泄水隧洞施工时，当地层比较完整、地质条件较好时，开挖、衬砌和灌浆三个施工过程可依次进行，即先将隧洞全部挖通，以后再进行衬砌和灌浆；但当岩层破碎、地质条件不良时，应边挖边衬砌。

③隧洞开挖，可依据滑坡具体地质情况，选择人工开挖或钻孔爆破方法进行；当使用钻孔爆破法时，应根据岩层完整程度，确定全断面开挖或是导洞开挖；在地下水比较丰富的地段，宜采用下导洞开挖。

④对于不稳定地层，在开挖爆破后，永久衬砌前，应采用木支撑、钢支撑或喷混凝土锚杆支护等临时支护措施。

⑤在特别软弱或大量涌水的地层中开挖隧洞，应采用超前灌浆或管棚加固方法（附录图 B.5-6），先将地层预先加固，然后再进行开挖。

⑥泄水隧洞的检查井应设置检查梯，井口应设井盖。兼起渗井作用的检查井井壁应设置反滤层。检查井的开挖应符合 6.3.2 条规定。（附录图 B.5-7、图 B.5-8）

⑦沿泄水洞洞身方向间距 5～10m 布置竖向渗管。管身布置纵向间距 10cm，横向间距 5cm，呈梅花形的泄水孔。管身应外绑土工布，渗管外围充填渗水材料（砂、砾石等）。

⑧隧洞洞底纵坡不得低于 0.5%。洞内上曲拱采用长度 5～10m 的仰斜式排水平孔（附录图 B.5-9），递增角度为 30°，按梅花形布置，排间距为 5m。

⑨泄水洞采用单层衬砌时，可采用工字钢或混凝土预制块组成的拱架结合锚喷支护。拱架间距宜为 0.75～1.5m，拱架之间设一道环形塑料排水盲沟；其中，衬砌为 20cm 厚 C20 钢筋网喷射混凝土，并预留间距为 0.5m×0.5m 的泄水孔。

⑩泄水洞采用预制块拼装时，预制拼装支架中心距设计Ⅳ级围岩段为 0.4m，Ⅴ级围岩段为 0.3m，局部围岩破碎或富水段可设置为 0.2m。预制梁柱和现浇底拱均为 C25 混凝土。预制梁柱背后设置 5cm 厚，20cm 宽，50cm 长的钢筋混凝土背板，背板边至边间距为 10cm。

⑪对于地质条件较差的隧洞段落，可进行隧洞二衬浇砌。隧洞二衬浇砌应沿轴线分段进行。如永久缝间距过大或无永久缝时，应设临时施工缝分段浇砌，段长宜为 8～15m。为避免交叉干扰，可采用跳仓浇筑。在横断面上，浇砌顺序应为先底拱、后边墙和顶拱；应地质条件差，也可先顶拱、后边墙，最后底拱。

⑫泄水洞采用二次衬砌时，先采用 30cm 厚的 C20 喷射混凝土初期支护，再用 $\phi16$ 钢筋格栅钢架结合 30cm 厚 C25 混凝土施做二次支护，钢架之间加设一道环形塑料排水

盲沟，并预留间距为 0.5m×0.5m 的泄水孔。

⑬根据泄水洞内水流量大小在洞内设置底板排水沟（附录图 B.5-10），在排水隧洞出口设置明沟，引导隧洞排水流向既有排水系统中。

**8.2.3**　质量控制

(1)砌体砂浆配合比准确，砌缝内砂浆均匀饱满，勾缝密实。

(2)浆砌片（块）石、混凝土预制块的质量和规格应符合设计要求。

(3)基础中缩缝应与墙身缩缝对齐。

(4)砌体抹面应平整、压光、直顺，不得有裂缝、空鼓现象。

(5)盲沟的设置及材料的质量和规格应符合设计要求和施工规范要求。

(6)反滤层应用筛选过的中砂、粗砂、砾石等渗水材料分层填筑。

(7)排水层应采用石质坚硬的较大粒料填筑，以保证排水孔隙度。

(8)泄水隧洞的埋置深度、渗井的数量、仰斜式排水孔的数量及混凝土的强度应符合设计要求。

(9)井点降水钻孔深度、孔径应符合设计要求。

(10)滑坡工程治理时，平孔排水、井点降水、泄水隧洞等排水工程措施施工完成后，排出的地下水应根据地形等条件将其汇流排出至坡外，不得漫流；同时，应设置简易水量记录仪，测算水量（附录图 B.5-11）。

(11)实测项目质量应满足规范《公路工程质量检验评定标准》（JTG F80/1—2004）规定的要求。

# 9　锚杆(索)检测

## 9.1　一般规定

**9.1.1**　锚固工程施工完成后,须依据相关规范和规定要求对其进行锚固工程质量抽检。

**9.1.2**　锚固工程质量抽检需由具有相关岩土工程检测资质的单位承担。

**9.1.3**　锚固工程质量抽检应按有关规范和规定要求认真做好记录,并提交试验报告,供工程验收使用。

**9.1.4**　锚固工程质量抽检内容主要为锚杆(索)长度检测(附录图 B.6-1、图 B.6-2)、锚杆(索)抗拔力和锁定拉力检测(附录图 B.6-3、图 B.6-4)。检测内容及要求应符合福建省相关文件及《锚杆喷射混凝土支护技术规程》(GB 50086—2001)的规定。

**9.1.5**　质量抽检检测合格后方可进行张拉封锚工序;若检测结果不合格,应按有关规定进行处理和整改,整改之前不得进行切割封锚工序。

## 9.2　锚杆(索)质量检测流程

预应力锚固工程施工中,锚固工程质量需进行检测。检测流程详见图 9-1。

## 9.3　锚杆(索)长度检测

锚固工程锚筋体长度的检测(附录图 B.6-5,图 B.6-6),采取现场随机抽取的原则,抽检数量不少于工程锚杆(索)总数的 5%,且同一类型锚筋不得少于 3 根。

## 9.4　锚杆(索)锚固质量检测

对锚固工程的施工锚固质量检测包括:抗拔力检测和锁定拉力检测。两项质量抽检的试验孔可为同一试验孔，检测孔的选取根据普遍性和代表性的原则进行随机选取，一旦选取不得随意更改。抽检数量不少于工程锚杆(索)总数的5%，且不得少于3根。

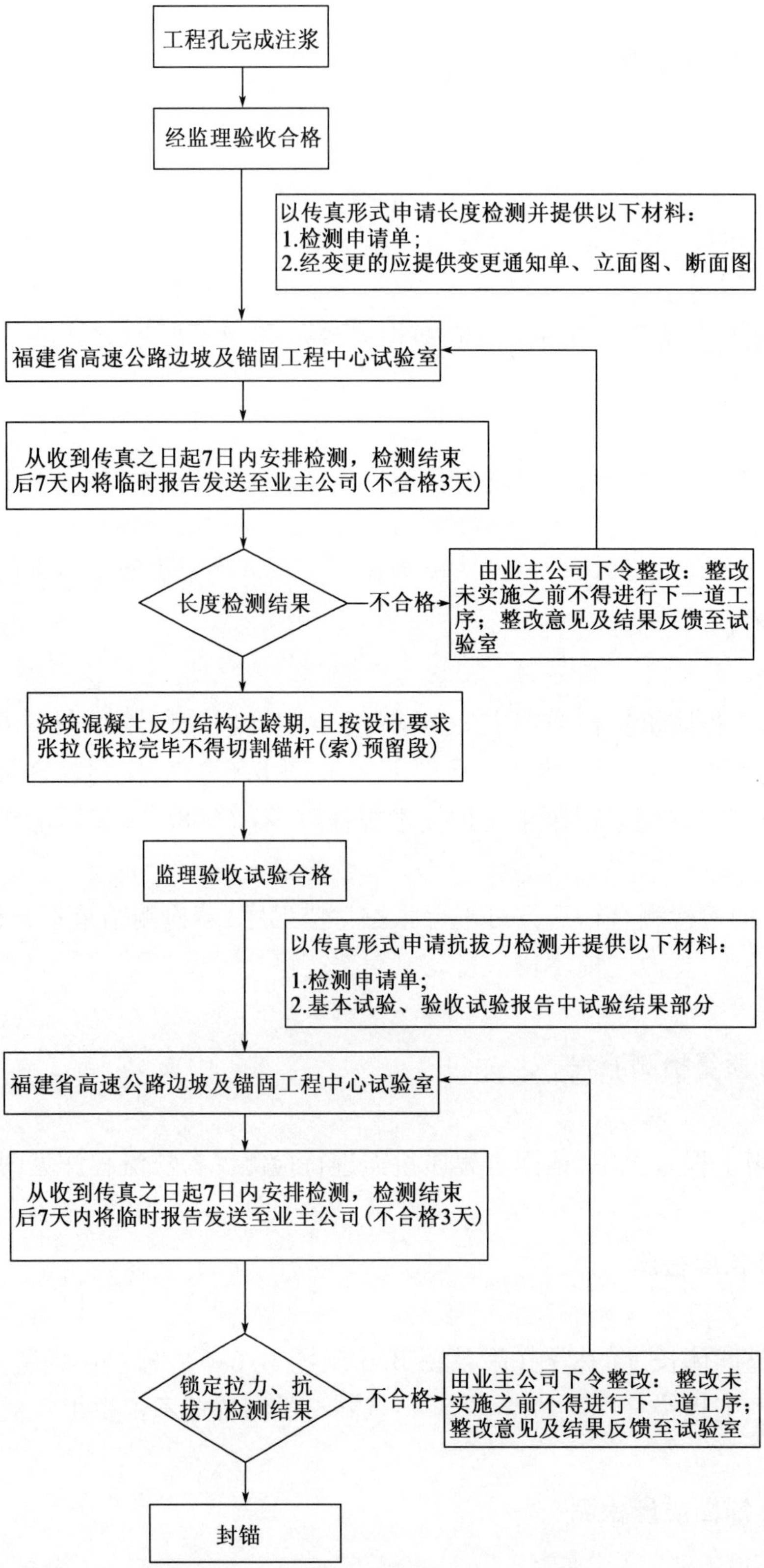


图9-1　锚固工程预应力锚杆(索)检测、试验流程图

**9.4.1** 锁定拉力检测试验

(1)质量抽检试验直接在张拉完毕的锚杆(索)进行拉动试验检测。

(2)加荷过程中,应缓慢加载,直到发现位移计出现位移,或锚具、夹片出现松动时,及时记录当前的千斤顶拉力值。

**9.4.2** 抗拔力检测试验

(1)质量抽检试验应分级加荷,起始荷载宜为设计荷载的30%,分级加荷值分别为设计荷载的0.5、0.75、1.0、1.2、1.33和1.5倍,但最大试验荷载不能大于筋体材料承载力标准值的0.8倍。

(2)加荷过程中,当荷载每增加一级,均应稳定5~10min,记录位移量。最后一级荷载应维持10min。如果在1~10min内,位移量超过1.0mm,则该级荷载应再维持50min,并在15min、20min、25min、30min、45min和60min时记录其位移量。

(3)试验中,从50%拉力设计值到最大试验荷载之间所测得的总位移量,应当超过该荷载范围自由段预应力筋理论伸长值的80%,且小于自由段长度与1/2锚固段长度之和的预应力筋的理论伸长值。

**9.4.3** 锚杆(索)质量检测试验表(表9-1)

**表9-1 锚杆(索)检测项目**

| 检测项目 | 检测仪器设备 | 检测方法 | 检测、评定依据 | 评定标准 |
|---|---|---|---|---|
| 锚杆长度检测 | JL-MG型锚杆质量检测仪 | 超声波无损检测技术 | 《锚杆锚固质量无损检测技术规程》(JGJ/T 182—2009);《锚杆喷射混凝土支护技术规程》(GB 50086—2001);《建筑边坡工程技术规程》(GB 50330—2002);《岩土锚杆(索)技术规程》(CECS 22—2005);《公路工程质量检验评定标准(JTG F80/1—2004);《混凝土结构工程施工质量验收规范》(GB 50204—2002) | 抽检锚杆(索)长度与设计长度相比,误差在5%以内,则该锚杆(索)的长度为合格;否则为不合格 |
| 锚索长度检测 | | | | |
| 锚杆抗拔力检测 | 液压千斤顶<br>油压表<br>百分表 | 分级加荷<br>位移计算法 | | 锚固张拉质量检测满足要求:实际锁定拉力与设计荷载相比,误差在10%以内为合格,否则为不合格;抽检锚杆(索)抗拔力满足1.5倍设计荷载,并且锚杆(索)伸长量满足设计要求,则该孔锚杆(索)的抗拔力为合格,否则为不合格 |
| 锚索抗拔力检测 | | | | |

# 10　边坡工程监测

## 10.1　一般规定

**10.1.1**　为确保挖方高边坡和滑坡治理工程施工期间的安全和稳定，边坡动态变形监测应与工程施工同步进行（对坡体裂缝观测、地表变形监测、宏观变形巡查等普通监测由施工单位负责；对于坡体深部位移监测、地下水监测、应力监测等专业监测由专业监测单位负责），做好施工期间坡体变形监测工作。

**10.1.2**　边坡监测施工时，监测、监理、设计和项目业主单位需对边坡进行实地踏勘，根据工程实际情况对监测工点进行遴选，确保监测工程的科学性、经济性及合理性。同时设计单位需提供相应工程资料，以便监测单位能及时开展工作。若监测工点需动态设计变更，设计单位需提供设计变更文件。

**10.1.3**　预应力锚固工程应根据对于边坡工程和滑坡治理工程的重要性和实际情况，对预应力锚杆（索）的工作状况和锚固效果进行施工期和工后运行期的原位监测。

**10.1.4**　对于重点挖方高边坡与滑坡的预应力锚杆（索）工程，可利用锚下预应力快速检测技术，对其预应力变化进行长期监测，监测数量不宜少于锚杆（索）数量的10%；或定期（正常工作的锚固工程每5年，稳定性较差边坡的锚固工程根据其变形情况及时进行检测）对重点挖方高边坡与滑坡锚杆（索）应力进行检测。

**10.1.5**　挖方高边坡和滑坡工程，在其施工过程中和高速公路运营阶段的监测与观测工作，除普通监测可用全站仪、经纬仪等简单仪器进行观测外，其他专业监测，项目业主应委托有相应岩土工程监测资质的单位进行监测与观测。

**10.1.6**　边坡工程监测周期为边坡开挖至公路建成运营不少于两年；重大滑坡或能造成严重危害的边坡，监测周期需评估确定，宜长期监测至稳定或在安全的限值范围内为止。

**10.1.7**　监测单位需及时提交监测结果和建议。

**10.1.8** 监测、施工、监理单位应做好监测设施的保护工作，遇到监测设施因施工等原因损坏后，应及时进行恢复。

## 10.2 监测目的

**10.2.1** 监控施工过程中挖方高边坡或滑坡体的变形情况。

**10.2.2** 通过监测坡体变形、锚孔预应力值变化情况揭示坡体稳定状态，指导工程施工，控制施工进度。

**10.2.3** 运营期监测，揭示坡体变形、预应力值变化情况，确保工程安全运营。

**10.2.4** 通过监测数据，统计分析其变形规律，指导类似工程建设。

## 10.3 监测内容

**10.3.1** 坡体变形监测

1)地表变形观测(附录图 B.7-1、图 B.7-2、图 B.7-3)

(1)监测方法。滑坡裂缝变形、地表裂缝、建筑物变形、滑坡及高边坡变形观测可采用简易观测法。主要采用经纬仪、水准仪、全站仪、倾斜盘等仪器设备对坡体明显的变形部位进行直接观测。

(2)观测点布置。滑坡变形裂缝、地表变形裂缝、结构物变形裂缝等须根据工程具体情况布置。原则上，主要特征变形点观测数量不少于 3 个断面、10 个观测点。

(3)观测频率。滑坡等不良地质体变形观测，突发应急抢险阶段应加强观测，一般为 1 次/3h，突发应急抢险完成后的施工抢险阶段的简易观测为 1 次/d ~ 1 次/3d，雨季需加密观测。滑坡治理工程施工及高边坡施工期间，为掌握坡体开挖、施工等阶段工程的稳定情况，需建立简易观测制度。通常在开挖、施工阶段观测频率为 1 次/d ~ 1 次/3d。

简易观测需根据工程实际情况确定观测内容、方案及频率等，观测结果需及时向相关部门汇报。

2)深部位移监测(附录图 B.7-4)

对于重点复杂的路堑高边坡、不良地质病害边坡或滑坡应采用专业仪器监测。深部位移监测分施工期监测和工后运营期监测。施工期监测周期为每月一次，雨季或坡体变形较大等特殊情况应加密监测。工后监测为坡体变形不稳定时应延长监测期限，工后监测一般不少于两年，或监测直至坡体稳定、变形终止或在安全的限值范围内。通常在初始阶段为了及时掌握边坡的动态变形规律，以半月时间为单位实施，在工程的后期和边坡变形不明显阶段可适当延长每次监测的间隔时间，在丰雨季节应适当考虑加强监测，以确保边坡的安全。

(1)监测方法

采用测斜仪(图 10-1)监测滑坡体深部位移。

监测仪器:测斜仪、高精度测斜管。

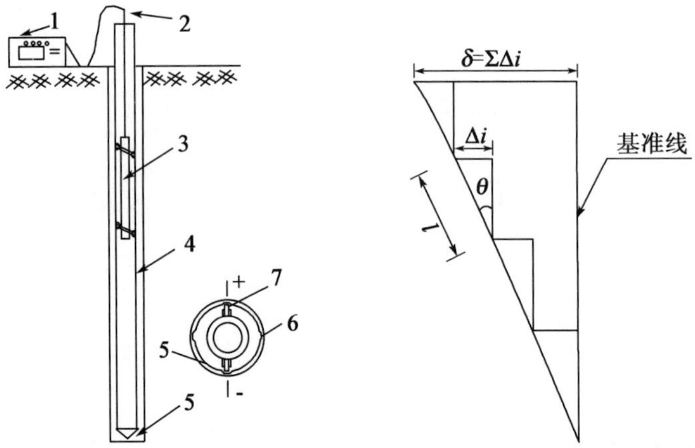


图 10-1　测斜仪量测原理示意图

1-读数仪;2-传输电缆;3-测斜探头;4-测斜管;5-孔壁回填;6-导向槽;7-导向轮

(2)监测点布置

在滑坡体范围内,根据实际滑动面的情况布设监测斜孔,每处不少于两个监测断面。通常主滑方向布设监测点不少于 3 个,形成沿主滑方向的监测线。孔位按设计要求布置。

(3)监测频率

施工期 1 次/月,雨季 1 次/旬,必要时加密监测。

(4)监测仪器安装(附录图 B.7-5、图 B.7-6)

①钻孔前需根据监测孔的位置和现场情况,将场地大致平整以便钻机安装和移位,整平场地符合要求后,即可测量布置孔位。

②采用工程钻探机进行钻孔,每 10m 多钻深 0.5m,并以此类推,斜管应伸入稳定基岩下 3~5m,若岩性软弱或岩体破碎,则斜管宜穿过潜在滑裂面以下 5~8m。

③钻到预定位置后,用清水清孔,直至泥浆水变成清水为止,再提钻后立即安装。

④测斜管需要逐根地连接到设计的长度,安装到位、调正方向后才能进行护壁间隙回填。

**10.3.2**　锚固工程应力及位移监测

(1)监测项目与内容

预应力锚固工程监测项目与内容见表 10-1。

(2)监测点设置

锚固工程应力应以坡体的整体稳定和锚杆(索)的应力保持为目的。监测点选择应按设计或合同文件要求埋设观测点的位置、数量。通常监测点布置应满足监测要求,选择有代表性的锚杆(索)进行监测,在坡体主要断面至少设置一个监测断面,一个监测断面至少设置 2 ~3 个监测点。

**表 10-1 预应力锚固工程监测**

| 工作阶段 | 位 置 | 监 测 内 容 | 监 测 项 目 |
|---|---|---|---|
| 施工阶段 | 锚杆体 | 锚杆工作状态及锚杆的施工质量 | 锚杆锁定拉力;锚杆伸长值;预应力损失 |
| | 锚固对象 | 加固效果 | 锚固体的位移及变化 |
| 运营阶段 | 锚杆体 | 锚杆的工作状态 | 预应力值变化 |
| | 锚固对象 | 锚固工程安全状况 | 锚固体的位移及变化 |

(3)监测频率

锚固工程监测频率需满足规范与设计文件要求。一般情况下,锚杆张拉锁定后第一个月前 10 天内每日监测一次,其后每周监测两次;2 ~3 个月内每周监测一次;4 ~6 个月内每月监测 3 次;7 个月 ~1 年内每月监测两次;一年以后每月监测一次。在监测过程中,如出现异常情况,应立即进行检查,处理完毕后,方能继续监测。监测成果及时整理,第一年内的监测成果作为工程验收的资料。

(4)监测仪器的安装

①根据结构设计要求,测力计安装在张拉端或锚固端,安装时钢绞线或钢筋从测力计中心穿过,测力计处于钢垫座和工作锚之间。

②安装过程中应随时对测力计进行监测,并从中间锚筋体开始向周围锚筋体逐步加载,以免测力计偏心受力或过载。

### 10.3.3 地下水监测

(1)监测方法

采用水位计和孔隙水压力计监测地下水。

(2)监测点布置

在滑坡体不同部位,布设地下水位监测孔和孔隙水压力检测孔。通过监测滑坡内地下水位、水压力、水温等参数的动态变化,掌握滑坡体含水量等动态变化,分析地下水与大气降雨的关系,结合抗滑桩监测、滑坡位移监测,分析滑坡体的稳定性。

(3)监测仪器与频率

监测仪器:水位计、孔隙水压力计。

监测频率:施工期 1 次/月,雨季 1 次/旬,必要时加密监测。

(4)监测仪器安装

①钻孔方法:将场地大致平整以便钻机安装和移位。开钻前先检验钻头直径,钻孔过程中不得采用泥浆固壁。

②孔隙水压力计安装:最底部孔隙水压力计埋设高程应高于孔底 50cm,埋设时先向孔内注入约 30cm 深的中粗砂,用尼龙绳或铅丝等将孔隙水压力计测头徐徐放入孔内,至测点预定高程,向孔内注入约 40cm 中粗砂。向孔内注入泥球封孔,并用测绳不断测量孔

内泥球表面深度。当泥球封孔至第二只仪器埋设高程以下 50cm 时，按上述方法埋设第二只孔隙水压力计。按相同方法依次埋设第三只及以上孔隙水压力计。

**10.3.4**　抗滑桩监测

(1)监测内容：抗滑桩的监测项目有桩顶位移监测、土压力监测、钢筋内力监测、混凝土应变监测及锚索荷载监测。

(2)监测点布置：选择有代表性的抗滑桩进行监测，通过监测能全面反映滑坡体的整体变形特性。

(3)监测频率：抗滑桩监测项目及监测频率见表 10-2。

**表 10-2　抗滑桩监测项目及监测频率**

| 监 测 项 目 | 仪器埋设后时段的监测频率 | 埋设初期监测频率 | 施工期监测频率 |
|---|---|---|---|
| 钢筋应力 | 24h 内<br>2 ~ 15d<br>15d ~ 1 个月<br>1 个月之后 | 3 次/d<br>1 次/d<br>1 次/周<br>1 次/月 | 1 次/旬 |
| 混凝土应变 | 24h 内<br>2 ~ 15d<br>15d ~ 1 个月<br>1 个月之后 | 3 次/d<br>1 次/d<br>1 次/周<br>1 次/月 | 1 次/旬 |
| 土压力 | 24h 内<br>2 ~ 15d<br>15d ~ 1 个月<br>1 个月之后 | 3 次/d<br>1 次/d<br>1 次/周<br>1 次/月 | 1 次/旬 |
| 锚索应力 | 24h 内<br>2 ~ 15d<br>15d ~ 1 个月<br>1 个月之后 | 3 次/d<br>1 次/d<br>1 次/周<br>1 次/月 | 1 次/旬 |

# 附录 A　施工检查及记录表

## 附表 1　抗滑桩现场质量检查记录表

**× × 高速公路 × × 段**

**抗滑桩现场质量检验记录表**

施工单位：　　　　　　　　　　　　　　　　施工标段：

监理单位：　　　　　　　　　　　　　　　　编　　号：

检验日期：　　　年　　月　　日　　　　　　　　　　　　　　第　页　共　页

| 工程名称 | | | | 施工时间 | |
|---|---|---|---|---|---|
| 桩号及部位 | | | | 检验时间 | |
| 项次 | 检验项目 | | 规定值或允许偏差 | 检验结果 | 检验方法和频率 |
| 1 | 混凝土强度(MPa) | | 在合格标准内 | | 按 JTG F80/1—2004 附录 D 检查 |
| 2 | 桩长(mm) | | 不小于设计值 | | 测绳量：每桩测量 |
| 3 | 孔径或断面尺寸(mm) | | 不小于设计值 | | 探孔器：每桩测量 |
| 4 | 桩位(mm) | | 100 | | 经纬仪：每桩测量 |
| 5 | 竖直度(mm) | 钻孔桩 | 1% 桩长，且不大于 500 | | 测壁仪或吊垂线：每桩测量 |
| | | 挖孔桩 | 0.5% 桩长，且不大于 200 | | 吊垂线：每桩测量 |
| 6 | 钢筋骨架底面高程(mm) | | ±50 | | 水准仪：测每桩骨架顶面高程后反算 |

自检意见：

质检工程师：　　　　　　　　　　　　　　　　日期：

监理意见：

监理工程师：　　　　　　　　　　　　　　　　日期：

现场技术负责人：　　　　　　　　　　　　　　日期：

## 附表 2　锚孔放样记录表

**××高速公路××段**

**锚孔放样记录表**

施工单位：　　　　　　　　　　　　施工标段：

监理单位：　　　　　　　　　　　　编　　号：

| | | | | | | | | |
|---|---|---|---|---|---|---|---|---|
| 工点桩号 | | 工程部位 | | | 设计锚孔数 | | 放样日期 | |
| 锚孔编号 | 设计桩号 | 实测桩号 | 偏差 $\Delta X$ | 设计高程 | 实测高程 | 偏差 $\Delta Y$ | 孔位偏差 $\sqrt{\Delta X^2+\Delta Y^2}$ | 备注 |
| | | | | | | | | |
| | | | | | | | | |
| | | | | | | | | |
| | | | | | | | | |
| | | | | | | | | |
| | | | | | | | | |
| | | | | | | | | |
| | | | | | | | | |
| | | | | | | | | |
| | | | | | | | | |
| | | | | | | | | |
| 说明 | 孔位允许误差 ±5cm | | | | | | | |
| 施工放样图 | | | | | | | | |
| 质检工程师意见：<br>签名：　　日期： | | | 现场技术负责人意见：<br>签名：　　日期： | | | 监理工程师意见：<br>签名：　　日期： | | |
| 测量 | | | 复核 | | | 日期 | | |

## 附表3 锚孔钻造施工记录表

××高速公路××段

锚孔钻造施工记录表

施工单位：　　　　　　　　　　　　施工标段：

监理单位：　　　　　　　　　　　　编　　号：

| 工程名称 | | | | | | 钻孔日期 | | | | | | | |
|---|---|---|---|---|---|---|---|---|---|---|---|---|---|
| 桩号及部位 | | | | | | 设计钻孔直径(cm) | | | | | | | |
| 钻机型号 | | | | | | 设计钻孔深度(cm) | | | | | | | |
| 锚孔编号 | 钻孔直径(cm) | 套管直径(cm) | 施工时间 | | | 钻进深度(m) | | | | 套管长度(m) | 钻孔倾角(°) | 地质描述 | 备注 |
| | | | 起 | 止 | 时间(d) | 自 | 止 | 回次进尺 | 累计深度(m) | | | | |
| | | | | | | | | | | | | | |
| | | | | | | | | | | | | | |
| | | | | | | | | | | | | | |
| | | | | | | | | | | | | | |
| | | | | | | | | | | | | | |
| | | | | | | | | | | | | | |
| | | | | | | | | | | | | | |
| | | | | | | | | | | | | | |
| | | | | | | | | | | | | | |
| | | | | | | | | | | | | | |
| | | | | | | | | | | | | | |
| | | | | | | | | | | | | | |
| | | | | | | | | | | | | | |
| | | | | | | | | | | | | | |
| | | | | | | | | | | | | | |
| | | | | | | | | | | | | | |
| | | | | | | | | | | | | | |
| | | | | | | | | | | | | | |

现场技术负责人：　　　　　　　　质检工程师：　　　　　　　　监理工程师：

注：备注栏记录钻孔过程中出现的情况，如塌孔、缩孔、地下水及相应的处理办法。

## 附表 4　锚孔钻造现场质量检验记录表

××高速公路××段

锚孔钻造现场质量检验记录表

施工单位：　　　　　　　　　　施工标段：

监理单位：　　　　　　　　　　编　　号：

检验日期：　年　月　日　　　　　　　　第　页　共　页

| 工程名称 | | | | 施工时间 | |
|---|---|---|---|---|---|
| 桩号及部位 | | | | 检验时间 | |
| 项次 | 检验项目 | | 规定值或允许偏差 | 检验结果 | 检验方法和频率 |
| 1 | 孔位 | 坡面纵向 | ±50mm | | 用经纬仪或拉线和尺量检查 |
| | | 坡面横向 | ±50mm | | |
| | | 孔口高程 | ±100mm | | 用水准仪或拉线和尺量检查 |
| 2 | 孔向 | 孔轴线倾角 | ±0.5° | | 用测角仪或地质罗盘检查 |
| | | 孔轴线方位 | ±1.0° | | 用经纬仪或地质罗盘检查 |
| | | 孔底偏斜 | 锚孔深度的 3% | | 用钻孔测斜仪检查 |
| 3 | 孔径 | | 设计孔径的 +5%，0 | | 验钻和尺量检查 |
| 4 | 孔深 | | 大于设计深度 20cm | | 验钻和尺量检查 |

自检意见：

质检工程师：　　　　　　　　　　日期：

监理意见：

监理工程师：　　　　　　　　　　日期：

现场技术负责人：　　　　　　　　日期：

## 附表 5 锚索制作安装检验表

**× ×高速公路× ×段**

**锚索制作安装检验表**

施工单位: 施工标段:

监理单位: 编 号:

检验日期: 年 月 日 第 页 共 页

| 里程桩号 | | | 所属分部工程名称 | | | |
|---|---|---|---|---|---|---|
| 分项工程名称 | | | 工程部位 | | | |
| 锚索编号 | | | 锚索强度(MPa) | | | |
| 序号 | 检查项目 | 设计要求或允许偏差 | 设计值 | 检查结果 | 检查点(次)数 | 合格率 |
| 1 | 锚索长度(m) | | | | | |
| 2 | 锚固段长度(m) | | | | | |
| 3 | 自由段长度(m) | | | | | |
| 4 | 防护套管长度(m) | | | | | |
| 5 | 支承架个数 | | | | | |
| 6 | 自由段防护长度(m) | | | | | |
| 7 | 锚孔倾角(°) | | | | | |
| 8 | 锚孔深度(mm) | | | | | |
| 9 | 锚孔直径(mm) | | | | | |
| 10 | 孔位偏差 | | | | | |

锚索体外观描述:

自检意见:

质检工程师: 日期:

监理意见:

监理工程师: 日期:

技术员: 现场技术负责人:

## 附表6　锚杆(索)组装现场质量检验报告单

**××高速公路××段**

**锚杆(索)组装现场质量检验报告单**

施工单位：　　　　　　　　　　　　施工标段：

监理单位：　　　　　　　　　　　　编　　号：

<table>
<tr><td colspan="3">工程名称</td><td colspan="2"></td><td>施工时间</td><td></td></tr>
<tr><td colspan="3">桩号及部位</td><td colspan="2"></td><td>检验时间</td><td></td></tr>
<tr><td colspan="3">锚杆(索)编号</td><td colspan="4"></td></tr>
<tr><td>项次</td><td colspan="2">检验项目</td><td>规定值或允许偏差</td><td>检验结果</td><td colspan="2">检验方法和频率</td></tr>
<tr><td>1</td><td colspan="2">锚筋长度</td><td>±50mm</td><td></td><td colspan="2">尺量检查</td></tr>
<tr><td>2</td><td colspan="2">锚固段长度</td><td>±50mm</td><td></td><td colspan="2">尺量检查</td></tr>
<tr><td>3</td><td colspan="2">塑料套管端头定位</td><td>±50mm</td><td></td><td colspan="2">尺量检查</td></tr>
<tr><td rowspan="2">4</td><td rowspan="2">注浆管</td><td>中心定位</td><td>±10mm</td><td></td><td colspan="2" rowspan="2">尽量检查</td></tr>
<tr><td>端头定位</td><td>±50mm</td><td></td></tr>
<tr><td rowspan="2">5</td><td rowspan="2">支架环箍<br>导向帽</td><td>制作尺寸</td><td>±5mm</td><td></td><td colspan="2" rowspan="2">尺量检查</td></tr>
<tr><td>安装定位</td><td>±20mm</td><td></td></tr>
</table>

自检意见：

质检工程师：　　　　　　　　　　　　　　　　　日期：

监理意见：

监理工程师：　　　　　　　　　　　　　　　　　日期：

现场技术负责人：　　　　　　　　　　　　　　　日期：

## 附表 7　锚杆(索)安装现场质量检验报告单

××高速公路××段

锚杆(索)安装现场质量检验报告单

施工单位：　　　　　　　　　　　　施工标段：

监理单位：　　　　　　　　　　　　编　　号：

| 工程名称 | | | | 施工时间 | |
|---|---|---|---|---|---|
| 桩号及部位 | | | | 检验时间 | |
| 项次 | 检验项目 | | 允许偏差 | 检验结果 | 检验方法 |
| 1 | 入孔方向 | 倾向 | ±1° | | 地质罗盘检查 |
| | | 方位 | ±2° | | |
| 2 | 入孔深度 | | ±200mm | | 尺量检查 |

自检意见：

质检工程师：　　　　　　　　　　　　日期：

监理意见：

监理工程师：　　　　　　　　　　　　日期：

现场人技术负责人：　　　　　　　　　　　　日期：

## 附表 8　预应力锚杆(索)注浆施工记录表

××高速公路××段

预应力锚杆(索)注浆施工记录表

工程名称:　　　　　　　　施工单位:

注浆设备:　　　　　　　　监理单位:　　　　　　　　注浆时间:

| 桩　号 | 锚孔编号 | 钻孔时间 | 注浆部位 | 锚孔孔径(mm) | 锚孔深度(m) | 注浆压力(MPa) | 施工配合比 | 水泥浆量 | | 注浆开始时间 | 注浆停止时间 | 备注 |
|---|---|---|---|---|---|---|---|---|---|---|---|---|
| | | | | | | | 水泥:水 | 设计浆量($m^3$) | 实际浆量($m^3$) | | | |
| | | | | | | | | | | | | |
| | | | | | | | | | | | | |
| | | | | | | | | | | | | |
| | | | | | | | | | | | | |
| | | | | | | | | | | | | |
| | | | | | | | | | | | | |
| | | | | | | | | | | | | |
| | | | | | | | | | | | | |
| | | | | | | | | | | | | |
| | | | | | | | | | | | | |
| | | | | | | | | | | | | |
| | | | | | | | | | | | | |
| | | | | | | | | | | | | |
| | | | | | | | | | | | | |
| | | | | | | | | | | | | |
| | | | | | | | | | | | | |
| | | | | | | | | | | | | |
| | | | | | | | | | | | | |
| | | | | | | | | | | | | |
| | | | | | | | | | | | | |

记录员:　　　　质检工程师:　　　　现场技术负责人:　　　　监理工程师:

## 附表 9　锚杆(索)基本试验记录表

××高速公路××段

锚杆(索)基本试验记录表

施工单位:　　　　里程桩号:　　　　锚杆(索)编号:　　　　试验日期:

监理单位:　　　　锚杆(索)长度/锚固段:　　　　注浆日期:

| 加荷等级 | | 施加荷载(kN) | 油表读数(MPa) | 观测时间(min) | 锚头位移读数(mm) | | | 锚墩位移读数(mm) | | | 备注 |
|---|---|---|---|---|---|---|---|---|---|---|---|
| | | | | | 1 | 2 | 3 | 1 | 2 | 3 | |
| 预张拉 | 15% | | | 5 | | | | | | | |
| 初始荷载 | $\Delta P_1$ | | | 5 | | | | | | | |
| | $\Delta P_2$ | | | 5 | | | | | | | |
| | $\Delta P_3$ | | | 5 | | | | | | | |
| | 初始 | | | 10 | | | | | | | |
| 第一循环 | 30% | | | 10 | | | | | | | |
| | 初始 | | | 5 | | | | | | | |
| 第二循环 | 30% | | | 5 | | | | | | | |
| | 50% | | | 10 | | | | | | | |
| | 30% | | | 5 | | | | | | | |
| | 初始 | | | 5 | | | | | | | |
| 第三循环 | 30% | | | 5 | | | | | | | |
| | 50% | | | 5 | | | | | | | |
| | 70% | | | 10 | | | | | | | |
| | 50% | | | 5 | | | | | | | |
| | 30% | | | 5 | | | | | | | |
| | 初始 | | | 5 | | | | | | | |
| 第四循环 | 30% | | | 5 | | | | | | | |
| | 50% | | | 5 | | | | | | | |
| | 70% | | | 5 | | | | | | | |
| | 80% | | | 10 | | | | | | | |
| | 70% | | | 5 | | | | | | | |

续上表

| 加荷等级 | | 施加荷载（kN） | 油表读数（MPa） | 观测时间（min） | 锚头位移读数（mm） | | | 锚墩位移读数（mm） | | | 备注 |
|---|---|---|---|---|---|---|---|---|---|---|---|
| | | | | | 1 | 2 | 3 | 1 | 2 | 3 | |
| 第四循环 | 50% | | | 5 | | | | | | | |
| | 30% | | | 5 | | | | | | | |
| | 初始 | | | 5 | | | | | | | |
| 第五循环 | 30% | | | 5 | | | | | | | |
| | 50% | | | 5 | | | | | | | |
| | 80% | | | 5 | | | | | | | |
| | 90% | | | 10 | | | | | | | |
| | 80% | | | 5 | | | | | | | |
| | 50% | | | 5 | | | | | | | |
| | 30% | | | 5 | | | | | | | |
| | 初始 | | | 5 | | | | | | | |
| 第六循环 | 30% | | | 5 | | | | | | | |
| | 50% | | | 5 | | | | | | | |
| | 90% | | | 5 | | | | | | | |
| | 100% | | | 10 | | | | | | | |
| | 90% | | | 5 | | | | | | | |
| | 50% | | | 5 | | | | | | | |
| | 30% | | | 5 | | | | | | | |
| | 初始 | | | 5 | | | | | | | |

现场技术负责人：　　　　监理工程师：　　　　设计代表：

## 附表 10　高边坡锚杆(索)施工记录表

**× ×高速公路× ×段**

**高边坡锚杆(索)施工记录表**

施工单位：　　　　　　　　　　　　　　施工标段：

监理单位：　　　　　　　　　　　　　　编　　号：

<table>
<tr><td colspan="2">桩号、部位</td><td></td><td>施工日期</td><td></td></tr>
<tr><td colspan="2">围岩类别</td><td></td><td>注浆压力(MPa)</td><td></td></tr>
<tr><td colspan="2">注浆浆液配合比</td><td></td><td>浆液水灰比</td><td></td></tr>
<tr><td>项次</td><td>项目</td><td>规定值或允许偏差</td><td>检测值</td><td>施工描述</td></tr>
<tr><td>1</td><td>锚杆(索)直径(mm)</td><td></td><td></td><td rowspan="8">孔位平面位置情况</td></tr>
<tr><td>2</td><td>钻孔孔径(mm)</td><td></td><td></td></tr>
<tr><td>3</td><td>锚杆(索)长度(m)</td><td></td><td></td></tr>
<tr><td>4</td><td>钻孔孔深(mm)</td><td></td><td></td></tr>
<tr><td>5</td><td>锚杆(索)间距(mm)</td><td></td><td></td></tr>
<tr><td>6</td><td>锁定拉力(kN)</td><td></td><td></td></tr>
<tr><td>7</td><td>锚杆(索)根数</td><td></td><td></td></tr>
<tr><td>8</td><td>锚固形式</td><td>注浆锚固</td><td></td></tr>
</table>

附:草图

现场技术负责人：　　　质检工程师：　　　现场技术人员：　　　监理工程师：　　　日期：

## 附表 11　锚梁或框架现场质量检验报告单

××高速公路××段
锚梁或框架现场质量检验报告单

施工单位：　　　　　　　　　　　　施工标段：
监理单位：　　　　　　　　　　　　编　　号：

| 工程名称 | | 高边坡防护锚固工程 | | 施工时间 | |
|---|---|---|---|---|---|
| 桩号及部位 | | | | 检验时间 | |
| 项次 | 检验项目 | 规定值或允许偏差 | 检验结果 | 检验方法和频率 | |
| 1 | 孔距偏差 | ±50mm | | 每 20m 用经纬仪检查 3 点 | |
| 2 | 孔口高程 | ±100mm | | 每 20m 用水准仪检查 3 点 | |
| 3 | 锚索轴线误差 | ±30 | | 查施工记录，每 20m 查 2 根 | |
| 4 | 框架混凝土强度 | 满足设计要求 | | 每工作班取 3 组试样试验 | |
| 5 | 框架地梁断面尺寸 | 满足设计要求 | | 每 5 根抽查 1 根 | |

自检意见：

质检工程师：　　　　　　　　　　　　日期：

监理意见：

监理工程师：　　　　　　　　　　　　日期：

现场技术负责人：　　　　　　质检工程师：　　　　　　监理工程师：

## 附表 12　预应力锚索张拉记录表

**××高速公路××段**

**预应力锚索张拉记录表**

施工单位：　　　　　　　工程名称：　　　　　　　施工标段：

监理单位：　　　　　　　构件名称：　　　　　　　桩号：

　　　　　　　　　　　　张拉日期：　　　　　　　张拉混凝土强度：

| 千斤顶编号 | | 油压表编号 | | 设计控制应力(kN) | | | |
|---|---|---|---|---|---|---|---|
| 张拉次数 | | 预拉 | 第一级 | 第二级 | 第三级 | 第四级 | 超张拉 |
| 张拉级数 | | | | | | | |
| 孔号 | 荷载百分比 | 15% | 25% | 50% | 75% | 100% | 110% |
| | 油表读数(MPa) | | | | | | |
| | 伸长量(mm) | | | | | | |
| | 稳定时间(min) | | | | | | |
| | 油表读数(MPa) | | | | | | |
| | 伸长量(mm) | | | | | | |
| | 稳定时间(min) | | | | | | |
| | 油表读数(MPa) | | | | | | |
| | 伸长量(mm) | | | | | | |
| | 稳定时间(min) | | | | | | |
| | 油表读数(MPa) | | | | | | |
| | 伸长量(mm) | | | | | | |
| | 稳定时间(min) | | | | | | |
| | 油表读数(MPa) | | | | | | |
| | 伸长量(mm) | | | | | | |
| | 稳定时间(min) | | | | | | |
| | 油表读数(MPa) | | | | | | |
| | 伸长量(mm) | | | | | | |
| | 稳定时间(min) | | | | | | |
| | 油表读数(MPa) | | | | | | |
| | 伸长量(mm) | | | | | | |
| | 稳定时间(min) | | | | | | |

施工员：　　　　质检工程师：　　　　现场技术负责人：　　　　监理工程师：

## 附表 13　张拉封锚锁定现场质量检验报告单

**× × 高速公路 × × 段**

**张拉封锚锁定现场质量检验报告单**

施工单位：　　　　　　　　　　施工标段：

监理单位：　　　　　　　　　　编　　号：

| 工程名称 | | | 施工时间 | |
|---|---|---|---|---|
| 桩号及部位 | | | 检验时间 | |

| 项次 | 检验项目 | | 规定值或允许偏差 | 检验结果 | 检验方法和频率 |
|---|---|---|---|---|---|
| 1 | 锚头锚筋轴线或锚垫板中心法线 | | ±2° | | 地质罗盘检测 |
| 2 | 锚头位置 | 孔口高程 | ±50mm | | 经纬仪或拉线和尺量检查 |
| | | 孔间距离 | ±50mm | | |
| 3 | 预埋锚具 | 中心线偏移 | ±10mm | | 尺量检查 |
| | | 外露长度 | ±5mm | | |
| | | 端承面平整 | ±2mm | | |
| 4 | 预埋螺旋筋波纹管 | 中心线偏移 | ±10mm | | 尺量检查 |
| | | 两端定位 | ±10mm | | |
| 5 | 外露钢绞线 | 锚具外露长度 | +100mm | | 尺量检查 |
| 6 | 封锚截面尺寸 | 长度 | ±5mm | | 尺量检查 |
| | | 宽度 | ±5mm | | |
| | | 高度 | ±5mm | | |

自检意见：

质检工程师：　　　　　　　　　　　　　　　　日期：

监理意见：

监理工程师：　　　　　　　　　　　　　　　　日期：

现场技术负责人：　　　　　　　　　　　　　　日期：

## 附表 14　预应力锚杆(索)锁定张拉力施工检查记录表

××高速公路××段

预应力锚杆(索)锁定张拉力施工检查记录表

施工单位:　　　　　　　　施工标段:

监理单位:　　　　　　　　编　　号:　　　　　　　　　　　　日期:

| 工程名称 | | 桩号及部位 | |
|---|---|---|---|
| 锚孔编号 | | 锚具型号 | |
| 千斤顶型号 | | 张拉日期 | |

| 张拉荷载(kN) | 油压表读数(MPa) | 测定时间 | 锚头位移读数(mm) | | | 锚头位移数量(mm) | 备注 |
|---|---|---|---|---|---|---|---|
| | | | 1 | 2 | 3 | | |
| | | | | | | | |
| | | | | | | | |
| | | | | | | | |
| | | | | | | | |
| | | | | | | | |
| | | | | | | | |
| | | | | | | | |
| | | | | | | | |
| | | | | | | | |
| | | | | | | | |
| | | | | | | | |
| | | | | | | | |
| | | | | | | | |
| | | | | | | | |
| 锁定荷载(kN) | | | | | | | |

现场技术负责人:　　　　　　　　质检工程师:　　　　　　　　监理工程师:

## 附表 15　锚杆(索)抗拔力抽检试验记录表

××高速公路××段

锚杆(索)抗拔力抽检试验记录表

施工标段：　里程桩号：　锚索编号：　孔　深：　锚固段：

油泵型号：　千斤顶规格：　油表编号：　油表方程：　试验日期：

施工单位：　监理单位：

| 加荷等级 | | 施加应力 (kN) | 油表读数 (MPa) | 观测时间 (min) | 锚头位移读数 (mm) | | | 锚墩位移读数 (mm) | | | 备注 |
|---|---|---|---|---|---|---|---|---|---|---|---|
| 预张拉 | 15% | | | 5 | — | — | — | — | — | — | |
| 补偿荷载 | $\Delta P_1$ | | | 5 | | | | | | | |
| | $\Delta P_2$ | | | 5 | | | | | | | |
| 第一级 | 30% | | | 5 | | | | | | | |
| 第二级 | 50% | | | 5 | | | | | | | |
| 第三级 | 75% | | | 5 | | | | | | | |
| 第四级 | 100% | | | 5 | | | | | | | |
| 第五级 | 120% | | | 5 | | | | | | | |
| 第六级 | 133% | | | 5 | | | | | | | |
| 第七级 | 150% | | | 10 | | | | | | | |

记录员：　现场技术负责人：　监理工程师：

## 附表 16　排水管安装检查表

××高速公路××段

排水管安装检查表

施工单位：　　　　　　　　　　　　　　　　　施工标段：

监理单位：　　　　　　　　　　　　　　　　　编　　号：

| 工点、桩号 | | | 工程部位 | | | |
|---|---|---|---|---|---|---|
| 设计孔深 | | 排水管类型 | | | 排水管直径(mm) | |
| 序号 | 检查项目 | 允许值 | 设计值 | 实测值 | 检查点数 | 合格率 |
| 1 | 排水孔孔径(mm) | 符合设计 | | | | |
| 2 | 排水孔深度(cm) | 不小于设计值 | | | | |
| 3 | 孔位偏差(cm) | 不大于 5cm | | | | |
| 4 | 排水孔倾角(°) | ±1 | | | | |
| 5 | 排水管长度(cm) | ±5cm | | | | |
| 6 | 排水管防护 | 符合设计 | | | | |
| 水文地质<br>情况简述 | | | | | | |

自检意见：

质检工程师：　　　　　　　　　　　　　　　　日期：

监理意见：

监理工程师：　　　　　　　　　　　　　　　　日期：

现场技术负责人：　　　　　　　　　　　　　　日期：

# 附录 B　图片汇总

## B.1　土石方工程

图 B.1-1　边坡截水沟

图 B.1-2　边坡开挖一级防护

## B.2　滑坡治理工程

图 B.2-1　滑坡前缘堆载反压

图 B.2-2　堆载反压施工

图 B.2-3　裂缝夯填及覆盖

图 B.2-4　滑坡体截水沟

图 B.2-5 滑坡治理刷方卸载

## B.3 锚固工程

图 B.3-1 锚孔基本试验

图 B.3-2 锚孔测放

图 B.3-3 搭设施工平台

图 B.3-4 钻机

图 B. 3-5　跟管钻孔施工

图 B. 3-6　孔位校核

图 B. 3-7　锚索制作搭设架子

图 B. 3-8　钢绞线除油

图 B. 3-9　钢绞线除油后效果

图 B. 3-10　锚杆对中支架

图 B.3-11 锚杆连接器防腐

图 B.3-12 机械切割

图 B.3-13 承载体及涂防锈油漆

图 B.3-14 挤压套制作

图 B.3-15 架线环

图 B.3-16 导向帽及注浆管

图 B.3-17　平顺下放锚索

图 B.3-18　注浆泵

图 B.3-19　空压力

图 B.3-20　注浆孔口翻浆

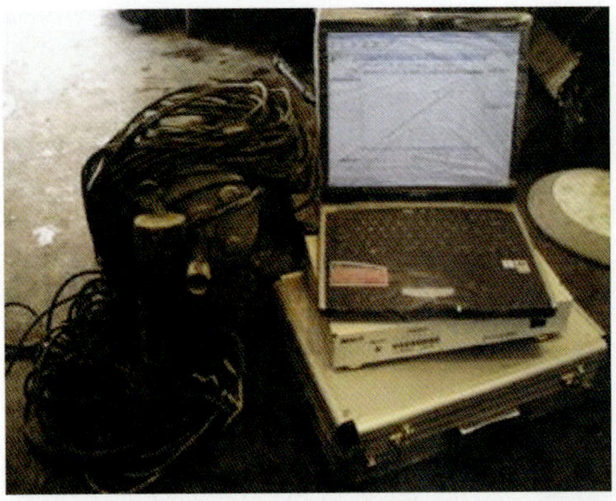

图 B.3-21　注浆记录仪记录

图 B.3-22　锚索补强张拉

图 B.3-23 框架定位刻槽

图 B.3-24 框架基础找平

图 B.3-25 框架锚斜托

## B.4 抗滑桩工程

图 B.4-1 抗滑桩开挖防坠器

图 B.4-2　人工挖孔孔口安全措施及防护

图 B.4-3　抗滑桩人工挖孔施工照明

图 B.4-4　钢筋机械连接

图 B.4-5　串筒下料

图 B.4-6　抗滑桩超声波检测

图 B.4-7　抗滑桩取芯检测

## B.5 排水工程

图 B.5-1 井点降水管

图 B.5-2 井点降水自动抽水及计量器

图 B.5-3 泄水隧洞

图 B.5-4 泄水隧洞排水

图 B.5-5 泄水隧洞洞门墙及编号

图 B.5-6 泄水洞小导管超前注浆

图 B. 5-7　竖向渗水井

图 B. 5-8　竖向渗水井排水

图 B. 5-9　仰斜式排水平孔

图 B. 5-10　泄水隧洞底板排水沟

图 B. 5-11　排水沟简易挡板计量器

## B.6 锚杆(索)检测

图 B. 6-1 锚索长度检测

图 B. 6-2 锚杆长度检测

图 B. 6-3 锚索应力检测

图 B. 6-4 锚杆应力检测

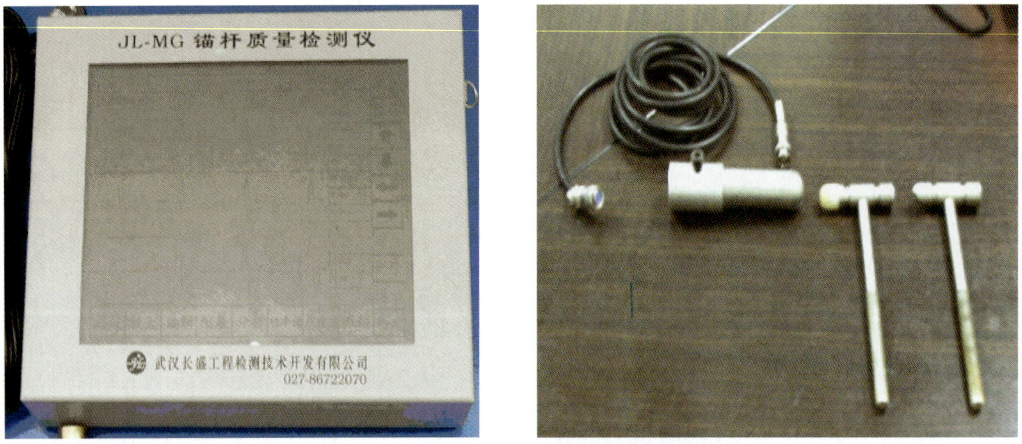


图 B.6-5　锚筋体长度检测仪的基本组成

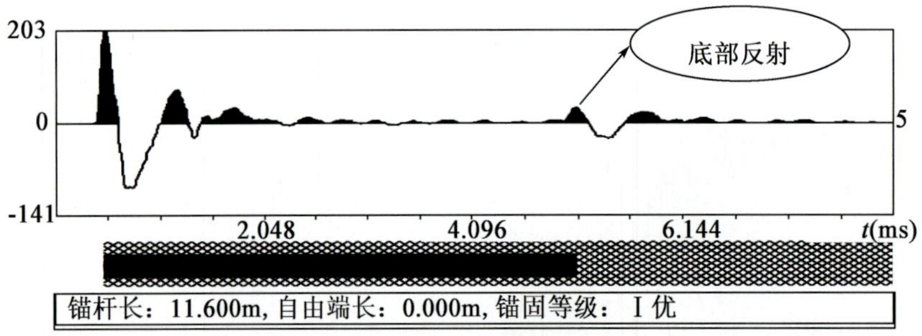


图 B.6-6　锚筋体长度检测成果曲线图

## B.7　边坡工程监测

图 B.7-1　水平变形监测

图 B.7-2　裂缝变形监测

图 B.7-3 深部位移监测

图 B.7-4 沉降变形监测

图 B.7-5 预应力监测仪器安装

图 B.7-6 预应力监测

## 参 考 文 献

[1] 中华人民共和国行业标准. JTG F10—2006　公路路基施工技术规范[S]. 北京:人民交通出版社,2006.

[2] 中华人民共和国行业标准. JTG D30—2004　公路路基设计规范[S]. 北京:人民交通出版社,2004.

[3] 中华人民共和国行业标准. JTG F80/1—2004　公路工程质量检验评定标准(第一册　土建部分)[S]. 北京:人民交通出版社,2004.

[4] 中华人民共和国交通运输部. 公路工程标准施工招标文件(2009 年版)[M]. 北京:人民交通出版社,2009.

[5] 铁道第二勘察设计院. TB 10025—2006　铁路路基支挡结构设计规范[S]. 北京:中国铁道出版社,2006.

[6] 中华人民共和国国家标准. GB 50330—2002　建筑边坡工程技术规范[S]. 中华人民共和国建设部和国家质量与监督检验检疫总局联合发布,2002.

[7] 中交第一公路工程局有限公司. 公路工程施工工艺标准[M]. 北京:人民交通出版社,2007.

[8] 交通部第二公路勘察设计院. 路基[M]. 北京:人民交通出版社,1996.

[9]《公路路基设计手册》编写组. 公路路基设计手册[M]. 北京:人民交通出版社,1982.

[10] 中华人民共和国地质矿产行业标准. DZ/T 0219—2006　滑坡防治工程设计与施工技术规范[S]. 中华人民共和国国土资源部发布,2006.

[11] 中华人民共和国国家标准. GB 50086—2001　锚杆喷射混凝土支护技术规范[S]. 中华人民共和国建设部和国家质量与监督检验检疫总局联合发布,2001.

[12] 程良奎. 岩土锚固[M]. 北京:中国建筑工业出版社,2003.

[13] 闫莫明,徐祯祥,苏自约. 岩土锚固技术手册[M]. 北京:人民交通出版社,2004.